Clarice Lispector e o clássico chinês *I Ching*

FUNDAÇÃO EDITORA DA UNESP

Presidente do Conselho Curador
Mário Sérgio Vasconcelos

Diretor-Presidente / Publisher
Jézio Hernani Bomfim Gutierre

Superintendente Administrativo e Financeiro
William de Souza Agostinho

Conselho Editorial Acadêmico
Divino José da Silva
Luís Antônio Francisco de Souza
Marcelo dos Santos Pereira
Patricia Porchat Pereira da Silva Knudsen
Paulo Celso Moura
Ricardo D'Elia Matheus
Sandra Aparecida Ferreira
Tatiana Noronha de Souza
Trajano Sardenberg
Valéria dos Santos Guimarães

Editores-Adjuntos
Anderson Nobara
Leandro Rodrigues

Marília Malavolta

Clarice Lispector e o clássico chinês *I Ching*

SÍMBOLOS EM CONVERGÊNCIA

editora
unesp

© 2023 Editora Unesp

Direitos de publicação reservados à:
FUNDAÇÃO EDITORA DA UNESP (FEU)
Praça da Sé, 108
01001-900 – São Paulo – SP
Tel.: (0xx11) 3242-7171
Fax: (0xx11) 3242-7172
www.editoraunesp.com.br
www.livrariaunesp.com.br
atendimento.editora@unesp.br

Dados Internacionais de Catalogação na Publicação (CIP) de acordo com ISBD
Elaborado por Vagner Rodolfo da Silva – CRB-8/9410

M239c   Malavolta, Marília

Clarice Lispector e o clássico chinês *I Ching*: símbolos em convergência / Marília Malavolta. – São Paulo : Editora Unesp, 2023.

Inclui bibliografia.
ISBN: 978-65-5711-200-7

1. Literatura. 2. Crítica literária. 3. Clarice Lispector. 4. I Ching. I. Título.

2023-1119
CDD 809
CDU 82.09

Índice para catálogo sistemático:

1. Literatura : Crítica literária 809
2. Literatura : Crítica literária 82.09

Editora afiliada:

Para Irene, Marcos, Chico e Flora

Em memória do meu pai,
Américo Malavolta Filho

Agradeço a Maria Bonomi, pelo entusiasmo, pelas leituras vivazes, pelas lembranças compartilhadas, pelos materiais disponibilizados, pelo imensurável e pelo indizível; aos professores Luiz Gonzaga Marchezan e Francisco Foot Hardman, pelo apoio valioso e irrestrito despendido durante as diferentes etapas de pesquisa que deram corpo a esta publicação; ao Instituto Moreira Salles, do Rio de Janeiro, e à Fundação Casa de Rui Barbosa, cujos acervos, com a prontidão de suas equipes de profissionais, foram de capital importância para este trabalho; a Vasco Cavalcante, pelo amor por Belém do Pará; à Fapesp, pelo auxílio financeiro concedido durante o doutorado; à Fundação Editora da Unesp, pela publicação deste livro. Por fim, e com a importância primordial do conviver, aos filhos, companheiro, mãe, pai (em memória), irmão e amigos íntimos: a cada página, a presença de vocês.

Claro ideograma

sob a lanterna de lepra, disco
solar no dorso amarelo-cadeia: tigre

Amargo Id e ígneo tigre por dentro, sub
escrito risco, seta atravessando a treva

Tu és aquele que escreve e que é escrito
das florestas de Blake aos topos da Ásia

Salto   relâmpago   satori

Ou boustrophédon dentro de jaula rajada,
Oco ti'gwer, raio apagado de idas e venidas

(Poema à moda da renga escrito por
Max Martins e Age de Carvalho)

Sumário

Um ensaio devassador, 13
Trilhar a linguagem de Clarice, 15

1 A Aderência: uma constante da composição,
   uma constante da representação, 19
2 O Aderir e a Aderência, 57
3 Clarice e o *I Ching*, 91
4 Do dorso à cauda do tigre: trilhando uma
   rosácea de convergências, 109

Um bustrofédon resplandecente, 155
Referências, 161

PREFÁCIO

Um ensaio devassador

Maria Bonomi

Este estudo trata de descobertas e revelações. Consiste em um viático de risco num perigoso mergulho que os inebriados visitantes de Clarice Lispector – leitores, estudiosos e críticos – poderão finalmente vivenciar.

Marília Malavolta como que regurgita ouro após sensível penetração (eu não diria apenas leitura) na abrangente e profunda obra crítica de Benedito Nunes. Tem a coragem devassadora de analisar e acrescentar, a cada sentença ou conceito do magnífico estudioso paraense, seu significado expandido. Empreende uma dilatação em "abertura" inqualificável. Possui e nos empresta generosamente as chaves dos signos do *I Ching* enquanto presença decodificada, intimamente pouco falada pela ficcionista. Os termos mais recônditos e surpreendentes, ela esclarece e situa dentro da obra e da vida de Clarice Lispector. Como se essa escritora universal, à medida que avança, permitisse que a estudiosa viesse a explicitar seus movimentos em seu existir como obra, causa e efeito.

Benedito Nunes tocou o "secreto", que vai ser valorizado no âmbito acadêmico pelo seu vasto conhecimento e experiência. Identifica trechos literários com ícones e termos mágicos, da mística ocidental e também oriental. Intui e enumera os caminhos trilhados por Clarice, analogamente a outros autores e críticos e suas inquietações, declaradas em paralelo, como Max Martins e Haroldo de Campos.

Depois de revisitar as zonas de conforto desse autor, Marília Malavolta aparta-se delas e então desvenda a invenção dinâmica efervescente de Clarice como exemplo candente e fundamental em sua obra. O que antes era mistério se dissolve em sustentações brilhantes e inéditas. Místicas, psiquismos, hieróglifos, aderências, claridade. São revelados provocantes encontros com a transcendência da obra clariciana. E por que não jogar luz sobre seus estudiosos ferozes? Em *Clarice Lispector e o clássico chinês I Ching: símbolos em convergência*, Malavolta liquefaz distâncias eruditas em favor da naturalidade desejada pela autora. Dentro do tumulto, a calmaria, a certeza do "verdadeiro" por Clarice. Como princípio, meio e fim.

Convivi e garimpei a vida, por quase duas décadas, com Clarice para não hesitar em garantir que este livro, fruto de uma tese de doutorado, constitui um divisor de águas para a percepção de sua existência criativa sem limites. Falo assim porque a considero a artista inspiradora máxima em qualquer tempo de escrita existencial. Para seus contemporâneos, revolucionou e recriou a literatura do século XX. Primeiramente na língua portuguesa. Depois, num sem-número de traduções, disseminadas pela sua universalidade.

Fica patente essa transfiguração agora neste livro. Ferramenta única que também deveria ser traduzida para gerar compreensões em paralelo. Ninguém foi tão fundo, mostrando o avesso do que se sabia e já se escreveu sobre Clarice Lispector. A razão de ser de cada imagem é descoberta e apoia o "inventado". Porque é sempre um ressurgimento emergindo de um mar cheio de consequências. Como olhar, agora, para o ovo sem levar em conta o hexagrama Chung Fu, a Verdade Interior? Como olhar para os traços de *A paixão segundo G.H.* sem se lembrar das linhas do livro chinês? Como acompanhar as aderências sem considerar o elemento fogo?

Marília Malavolta inova aspectos nesse radar competente a partir de um poderoso espectro subjacente, em que visitar o *I Ching* seria dissolver dúvidas também comportamentais. Personagens e situações são decifradas e elevadas à potência explicativa da intuição do *I Ching*. Tudo documentadíssimo e demonstrado. Uma escada com todos os degraus.

Se o silêncio do Cosmos era assustador, agora não é mais. A claridade foi declarada neste livro. A sintonia é plena e livre. Aproveitem!

março de 2023

INTRODUÇÃO

Trilhar a linguagem de Clarice

> *Para os estrangeiros, o* Livro das muta-
> ções *corre o risco de parecer uma simples*
> chinoiserie; *mas ele foi devotamente lido*
> *e relido por gerações milenares de homens*
> *cultíssimos, que continuarão a lê-lo. Con-*
> *fúcio declarou a seus discípulos que, se o*
> *destino lhe concedesse mais cem anos de*
> *vida, ele consagraria a metade ao estudo*
> *do livro e seus comentários, ou asas. Esco-*
> *lhi, deliberadamente, um exemplo extremo,*
> *uma leitura que exige um ato de fé. Chego,*
> *agora, à minha tese.* Clássico é aquele livro
> *que uma nação ou um grupo de nações ou o*
> *longo tempo decidiram ler como se em suas*
> *páginas tudo fosse deliberado, fatal, pro-*
> *fundo como o cosmos e capaz de interpre-*
> *tações sem fim.*
>
> (Jorge Luis Borges)

Em nota à edição de 2009 de *O dorso do tigre*, publicada pela Editora 34, o crítico Benedito Nunes (2009c) escreveu sobre a escolha desse título, lançado pela primeira vez em 1969. O livro une, explicou, duas vertentes congênitas de seu trabalho intelectual – a literatura e a filosofia –, o que se dá, completa, "sob a inspiração de uma frase de Michel Foucault em *Les mots et les choses* – *'nous sommes attachés sur le dos d'un tigre'* ('estamos agarrados ao dorso de um tigre')" (ibidem, p.9).

Reconhecendo que o tigre de Foucault descende da floresta noturna de Nietzsche, ou mesmo do misticismo selvagem de William Blake, e lembrando-se da brincadeira do amigo Alexandre Eulálio de que, dada a terra natal de Nunes, essa sua obra deveria chamar-se *O lombo da onça*, Benedito Nunes ratifica que "ambos, lombo e dorso, exprimem variantes de uma mesma tonalidade de escrita" (ibidem, p.9).

No clássico chinês *I Ching: o livro das mutações* (Wilhelm, 2006), o hexagrama Lü, a Conduta, tem como imagem "o trilho sobre a cauda do tigre", em referência às importantes virtudes de uma conduta – como a cautela e a circunspecção – ao se seguir algo ou alguém.

Resultado da tese *Do dorso à cauda do tigre: trilhando a linguagem de Clarice Lispector*, defendida em 2016, no Programa de Pós-Graduação em Estudos Literários da Faculdade de Ciências e Letras (FCLAr) da Universidade Estadual Paulista "Júlio de Mesquita Filho" (Unesp), e com apoio da Fundação de Amparo à Pesquisa do Estado de São Paulo (Fapesp), o presente livro reúne e destaca múltiplos exemplos de um aspecto recorrente da poética de Clarice Lispector (a imagem de aderência), apontando sua consonância com um elemento (o Aderir) do clássico chinês, tendo como principal esteio argumentativo a crítica de Nunes (1982, 1995, 1996, 2009a, 2009b, 2009c): não apenas sua vasta ensaística em torno da escritora, naturalmente, mas também suas considerações analíticas acerca da poesia à moda da renga – de origem japonesa –, dos aspectos distintivos das artes poéticas do Oriente em contraposição às do Ocidente e do denso diálogo sobre linguagem empreendido entre ele e Haroldo de Campos (idem, 2012), decorrente de outro, entre o filósofo Heidegger (2012) e um interlocutor japonês, o professor Tezuka, da Universidade Imperial de Tóquio.

Assim, em seu primeiro capítulo, o livro apresenta, contextualiza, reúne e analisa a Aderência clariciana; no segundo, de forma também descritiva e analítica, parelha-a ao Aderir chinês, para no quarto – em meio a um instigante campo de múltiplas convergências – revelar os termos de seu valor eminentemente oriental em concordância com ponderações de Nunes (apud Martins; Age, 1982) durante reflexão que, curiosamente, não estará diretamente aplicada à Clarice. Perpassa essa adotada trilha de leitura e análise o conhecimento de que Clarice Lispector foi leitora da milenar obra chinesa, conforme atesta o exemplar que lhe pertenceu, aos

INTRODUÇÃO – TRILHAR A LINGUAGEM DE CLARICE   17

cuidados, hoje, do Acervo Clarice Lispector do Instituto Moreira Salles, no Rio de Janeiro, o que será abordado no Capítulo 3.

Assim, enquanto se tece, o presente livro coloca também Clarice ao lado de outros grandes nomes da literatura cujo manuseio estético do *I Ching* é conhecido, como Jorge Luis Borges e Octavio Paz, dissolvendo leituras tendentes a presumir como unicamente oracular o contato da escritora com o livro chinês (na direção das conhecidas referências de Clarice à cartomancia, por exemplo) e abrindo novas vias de acesso à complexidade de sua obra, por meio das surpreendentes convergências entre Lispector e o campo das artes poéticas orientais, em especial a chinesa.

Ao leitor especialista, abre-se, então, a possibilidade de novos diálogos críticos; ao leitor comum, a aventura e o deleite de se deixar (re)conduzir por várias narrativas de Clarice, acompanhando o desvelamento de algumas metáforas fascinantes.

Trilhar a linguagem de Clarice Lispector ora pela crítica de Nunes (1995, 1996, 2009a, 2009b, 2009c), ora pelo *I Ching* consistiu em um caminhar diverso, mas ao mesmo tempo afim, uma vez que, como se verá, convergiu para lançar luzes – claridades – à densa floresta de símbolos claricianos, formada por traços, números e, sobretudo, palavras, as corporificadoras das mais variadas, insólitas e, em especial, inapreensíveis imagens, sujeitas a interpretações sem fim.

CAPÍTULO 1

A Aderência

Uma constante da composição, uma constante da representação

> *Quando escrevo não penso em ninguém, nem sequer em mim mesma. Somente o que me preocupa é captar a realidade íntima das coisas e a magia do instante. Minhas novelas e meus contos vêm em pedaços, anotações sobre os personagens, o tema, o cenário, que depois vou ordenando, mas que nasce de uma realidade interior vivida ou imaginada [...].*
>
> (Clarice Lispector, em entrevista a Eric Nepomuceno, em 1976)

> *O professor tivera a falta de sorte de ter sido logo a mais imprudente quem ficara sozinha com ele nos seus ermos.*
>
> (Sofia, personagem do conto "Os desastres de Sofia")

B enedito Nunes (2009a), no ensaio "Reflexões sobre o moderno romance brasileiro", aponta que é comum à literatura de linhagem moderna trazer consigo uma consciência preliminar das limitações da linguagem no que diz respeito a uma direta e instantânea relação com a realidade, ao mesmo tempo que busca manter salva a sua vocação realista, fazendo recair sobre essa mesma linguagem o árduo dever de ligar o romance ao real. Os predicativos desse desalinhado enlace entre realidade e representação, e também da busca por um código novo, como o que visa a representar o Real, residem, justamente, na forma ou na

20 CLARICE LISPECTOR E O CLÁSSICO CHINÊS I *CHING*

estrutura da obra: na "forma da história ou do discurso", nos "desdobramentos internos da narrativa", "na posição do narrador ou do personagem" (ibidem, p.142).

Sobre as personagens claricianas tomadas pela percepção de uma realidade outra, irredutível, e em luta com as palavras que a exprimam, Benedito Nunes (1995), dessa vez em *O drama da linguagem*, identifica a presença do fracasso, seguido por uma adesão às próprias coisas de que se tenta falar:

> Por um lado, buscando exprimir-se, aderem às palavras de maneira plena; mas por outro, seduzidas pela ideia de plenitude, sentem-se prisioneiras dentro das palavras que as dominam, que lhes furtam ao ser na forma de expressão consumada. [...] Mas essa ambição desmedida (que ainda é uma forma de *hybris*) de equiparação entre ser e dizer, expõe as personagens ao fracasso e ao desastre. Martim fracassa regressando à linguagem comum, alienada, em que as palavras separam da realidade; G.H. fracassa separando-se da linguagem comum pela realidade silenciosa que nenhuma palavra exprime. A paixão da linguagem terá o seu reverso na desconfiança da palavra, e o empenho ao dizer expressivo, que alimenta essa paixão, transformar-se-á numa silenciosa adesão às próprias coisas. (ibidem, p.111-112)

"Adesão" é também o termo empregado por Olga de Sá (1979) para se referir, de modo semelhante a Nunes, à insólita trajetória da personagem G.H., que não encontra linguagem que a exprima, que a signifique:

> A trajetória de G.H. termina no silêncio e no vazio, na desistência da linguagem, como forma de adesão ao ser. G.H. se despersonaliza, perde sua dimensão humana, para chegar à maior exteriorização possível, à maior objetivação. (ibidem, p.259-260)

Em um breve trecho de *Clarice Lispector: pinturas*, Carlos Mendes de Sousa (2013) identifica um equivalente da adesão tal como nomeada por Nunes (1995) e Sá (1979). Trata-se do que denomina "trânsito da apropriação", implicado na posição do narrador diante de seu objeto e, mais uma vez e sobretudo, na busca por uma expressão que não deixe

A ADERÊNCIA

intervalos entre o objeto e o objeto dito. Ao descrever e analisar um quadro pintado por Clarice – *O sol da meia noite* –, o crítico identifica um texto da autora que, afirma, "mais do que qualquer outro, [...] pode ser recortado e colocado ao lado deste quadro" (Sousa, 2013, p.211). Trata-se da crônica "Os espelhos", em que Clarice, de fato, parece descrever aquilo que pintara. Ou, como completa ela própria, ter sido aquilo que pintara:

Com cores de preto e branco recapturei na tela sua luminosidade trêmula. Com o mesmo preto e branco recapturo também, em um arrepio de frio, uma de suas verdades mais difíceis: o seu gélido silêncio sem cor. É preciso entender a violenta ausência de cor de um espelho para poder recriá-lo, assim como se recriasse a violenta ausência de gosto da água. Não, eu não descrevi o espelho – eu fui ele. E as palavras são elas mesmas, em tom de discurso. (Lispector apud ibidem)

Apoiado nessas declarações, Sousa (2013) observa, conclusivamente, que "o trânsito da apropriação é recorrente em Clarice: eu fui ele, eu sou ele. No quadro, um dos mais percucientes e emblemáticos exemplos – a visão do espelho no sol da meia-noite" (ibidem).

Ao destacar a dialética das velocidades da escrita clariciana, a saber, a constante pendulação entre aceleração e retardamento da narração, entre a narração do profundo e do superficial, do exterior e do interior, entre tensão e a distensão, Sousa (2012), dessa vez em *Clarice Lispector: figuras da escrita*, analisa mais detidamente o que agora denomina "trânsito da reificação". É assim que a transfiguração de Rodrigo SM em Macabéa, em *A hora da estrela*, é analisada como uma solução à dialética dos ritmos da escrita clariciana, uma vez que esta se encaminha, resolutivamente, segundo ele, para a triangulação do devir-escrita, da escrita entendida, por narradores e personagens, como uma "iminência incessante" (ibidem, p.419). Sousa se refere ao fato de muitos dos personagens claricianos se colocarem, em algum momento, um exercício de escrita, cuja assunção se daria na novela escrita em 1977.

O trânsito da reificação acontece de igual modo em *A hora da estrela*. Deparamos aí com a assunção do ato de escrever nos termos mais absolutos que têm como consequência a materialização do narrador na própria escrita. Agora, sendo o processo radicalmente inverso do dos primeiros livros, no fundo pretende-se ir ter ao mesmo, a uma transfiguração do ser em palavra, um desembocar na materialização em texto, o que é, afinal, o trabalho último da escrita. "A ação desta história terá como resultado minha transfiguração em outrem e minha materialização enfim em objeto." (ibidem, p.411)

Assim, segundo as citadas apreciações críticas sugerem, adesão, trânsito da apropriação e trânsito da reificação exemplificam, na obra de Clarice, expedientes ou códigos ficcionais resultantes do desajuste (característico da literatura de linhagem moderna) intrínseco à relação entre realidade – enquanto matéria narrativa – e sua representação. Em outros termos, adesão, trânsito da apropriação e da reificação, tais como formulados e exemplificados pelos críticos, são acontecimentos constitutivos da narrativa oriundos, cada qual a seu modo, do fracasso de uma busca em comum: representar o que é irrepresentável, expressar o que é inexprimível; conduzidos pelo acurado uso da linguagem, ao mesmo tempo que marcados pela incômoda consciência das limitações intrínsecas ao ato de nomear, os personagens claricianos silenciam-se ou despersonalizam-se, aderidos que estão às coisas – à matéria de que querem tratar ou a seu conduto: a palavra escrita.

Ao abordar comparativamente os dois primeiros romances de Clarice Lispector, *Perto do coração selvagem* (1944) e *O lustre* (1946), em texto inicialmente publicado em 1973,[1] Benedito Nunes (1995) detém-se em alguns exemplos dessa constante constitutiva ao tratar da intensa proximidade entre os narradores e as protagonistas dessas duas narrativas, designadas por ele, em virtude de tal elo, como "narrativas monocêntricas".

O primeiro passo na direção dessa designação se dá quando Nunes (ibidem) repassa as relações que Joana, de *Perto do coração selvagem*, e Virgínia, de *O lustre*, estabelecem com outros personagens importantes da trama que protagonizam, como Otávio e Daniel, por exemplo. O

---

1 O texto "A narrativa monocêntrica" é o Capítulo I de *O drama da linguagem*, de 1995, tendo sido, como os demais ensaios dessa obra, publicado pela primeira vez em 1973, em *Leitura de Clarice Lispector*.

A ADERÊNCIA   23

crítico assinala que o marido de Joana e o irmão de Virgínia, apesar da centralidade que ocupam nas histórias, são "menos agentes autônomos" e mais "instrumentos a serviço da situação conflitual interior a ambas":

> Joana repele o professor amado, primeira instância mediadora de sua inquietação, substituído depois por Otávio, com quem se casa. Para romper com o marido, a moça se apoia em Lídia, amante dele. Apenas instrumento, o personagem-mediador mobiliza na personagem central uma razão mais profunda que o atinge e o supera. Virgínia, submissa desde criança ao irmão voluntarioso, hostiliza, por ele instigada, a irmã Esmeralda. Daniel medeia, pois, o seu rompimento com a família e o seu êxodo do campo para a cidade. E graças ao amante (Vicente), consegue Virgínia romper com a servidão que a acorrentava a Daniel, para, finalmente, sem sair do círculo fatal de um conflito interior insolúvel, afastar-se de Vicente, em demanda do campo e da família. (ibidem, p.28)

Tendo identificado o papel essencialmente mediador exercido pelos demais personagens desses dois romances diante da situação conflitual única vivenciada por suas protagonistas, Nunes observa – e eis o passo para a caracterização do monocentrismo – que tanto Joana quanto Virgínia chegam inclusive a exceder a função de um primeiro agente condutor ou centralizador da ação para ocupar o núcleo articulador do ponto de vista que, palavras e destaques seus, *"condiciona a forma do romance como narrativa monocêntrica, isto é, como narrativa desenvolvida em torno de um centro privilegiado que o próprio narrador ocupa"* (ibidem, p.29).

O que Nunes está pontuando, com base em exemplos extraídos dos dois romances iniciais de Clarice, é que a posição do narrador tende a se confundir e mesmo a se fundir com a posição do protagonista, conforme evidenciam momentos do discurso narrativo em que se misturam as narrações em primeira e terceira pessoas, ou em que se alternam e se prolongam os discursos direto e indireto. A seguir, um trecho de *Perto do coração selvagem* citado como exemplo pelo crítico, com destaques feitos também por ele:

> *Estava alegre nesse dia*, bonita também. Um pouco de febre também. Por que esse romantismo: um pouco de febre? *Mas a verdade é que tenho*

mesmo: olhos brilhantes, essa força e essa fraqueza, batidas desordenas do coração. *Quando a brisa leve, a brisa de verão batia no seu corpo, todo ele estremecia de frio e de calor.* E então ela pensava muito rapidamente, sem poder parar de inventar. É porque estou muito nova ainda e sempre que me tocam ou não me tocam, sinto – refletia. *Pensar agora, por exemplo, em regatos louros.* Exatamente porque não existem regatos louros, compreende? [...] *Mesmo na liberdade, quando escolhia alegre novas veredas, reconheci-as depois.* (Lispector apud ibidem, p.28-29)

Conceituando tais características do discurso narrativo, recorrentes no romance, Nunes destaca ora um movimento de aderência, ora a imposição da presença do narrador:

A romancista, que adota a terceira pessoa, não se suprime como instância externa da narração. Mas também percebe e sente com a personagem. Ora a ela aderindo, ora lhe impondo a sua presença como sujeito-narrador, a romancista pratica um modo de ver oscilante [...]. (Nunes, 1995, p.29)

Já em *O lustre*, Nunes (ibidem) não identifica tais alternâncias discursivas; como exemplo do monocentrismo, o crítico traz a visão infantil da protagonista Virgínia impressa, por meio de um olhar densamente expressionista, no modo de narrar adotado. Com o trecho a seguir, assim destacado, é que Nunes exemplifica a intensa proximidade entre o narrador e a personagem.

Ela abria grandes olhos. Lá estava a *pedra escorrendo* em orvalho. E depois do jardim a *terra sumindo* bruscamente. Toda a casa *flutuava*, flutuava em nuvens, desligada de Brejo Alto. Mesmo *o mato descuidado distanciava-se pálido e quieto* e em vão Virgínia buscava na sua imobilidade a linha familiar; *os gravetos* soltos sob a janela, perto do arco decadente da entrada, *jaziam nítidos e sem vida.* Daí a instantes porém o sol surgia esbranquiçado como uma lua. [...] *Um grito de café fresco* subia da cozinha misturado ao *cheiro suave e ofegante de capim molhado.* O coração batia num alvoroço doloroso e úmido como se fosse atravessado por um desejo impossível. *E a vida do dia começava perplexa.* (Lispector apud ibidem, p.30)

A ADERÊNCIA 25

Conforme se depreende através do exemplo selecionado pelo crítico, há em *O lustre*, segundo Nunes (1995), uma ligação afetiva entre narrador e personagem criada por essa maneira de narrar que, empática, "adere" à visão infantil da protagonista Virgínia.

O que essa análise de Nunes (ibidem) nos permite destacar, acerca da Aderência que nesta abordagem se buscará perseguir, é que, nos referidos romances de Clarice, ela, a Aderência, está implicada em um modo de narrar, moderno, que tem na consciência individual (prenhe de estados de ânimo e de vivências) seu centro mimético. Assim, uma vez adotada a narração heterodiegética, o narrador ocupa a consciência daquela personagem que protagoniza a história por ele narrada, aderindo a seu ponto de vista ou mesmo emprestando-lhe a iniciativa em primeira pessoa. Conclusivamente, no último parágrafo do texto, Nunes aponta os efeitos desse monocentrismo na ação romanesca, e sua presença nas obras posteriores de Clarice.

O caráter restritivo da ação romanesca que decorre disso, é menos uma falha ou um defeito de técnica, do que uma carência intrínseca, estrutural, da forma monocêntrica. A parcimônia, a eventualidade e o caráter distorcivo dos diálogos de *Perto do coração selvagem* e *O lustre*, que perduram em obras subsequentes, como traço peculiar da novelística de Clarice Lispector, ligam-se a esse tipo de carência. (ibidem, p.31)

Na ficção de Clarice Lispector, a própria escritora aludiu a características da representação de uma realidade fronteiriça entre o visto e o intuído (resultante de um trabalho de busca, por meio de uma linguagem que visa a acessar a concretude e a vividez apreendidas pelos sentidos, o Real – indizível), no que tange sobretudo à posição do narrador diante das personagens. Os exemplos mais frequentes estão em *A descoberta do mundo*, livro que reúne parte das crônicas que a autora publicou no *Jornal do Brasil*, entre os anos de 1967 e 1973. Um deles traz uma referência direta ao escritor do Realismo estadunidense Henry James. Trata-se da crônica "Fios de seda", de 1969. O trecho transcrito a seguir foi traduzido por Clarice, conforme ela própria esclarece no início da crônica, e é acompanhado por um comentário.

Que espécie de experiência é necessária, e onde ela começa e acaba? A experiência nunca é limitada e nunca é completa; é uma imensa sensibilidade, uma espécie de enorme teia de aranha, feita dos fios mais delicados de seda suspensos na câmara do consciente, e que apanha no seu tecido cada partícula trazida pelo ar. É a própria atmosfera da mente; e quando a mente é imaginativa – muito mais quando se trata de um homem de gênio – ela apanha para si as mais leves sugestões, abriga os próprios pulsos do ar em revelações. Sem nem de longe ser de gênio, quantas revelações. Quantos pulsos apanhados no fino ar. Os delicados fios suspensos na câmara do consciente. E no inconsciente a própria enorme aranha. Ah, a vida é maravilhosa com suas teias captantes. Avisem-me se eu começar a me tornar eu mesma demais. É minha tendência. Mas sou objetiva também. Tanto que consigo tornar o subjetivo dos fios de aranha em palavras objetivas. Qualquer palavra, aliás, é objeto, é objetiva. Além do mais, fiquem certos, não é preciso ser inteligente: a aranha não é, e as palavras, as palavras não se podem evitar. Vocês estão entendendo? Não precisam. Recebam apenas, como eu estou dando. Recebam-me com fios de seda. (Lispector, 1999a, p.194)

A passagem traduzida por Clarice está presente no ensaio jamesiano "A arte da ficção", de 1884. Nele, James (1968), em rechaço a dicotômicas proposições de Walter Besant acerca do fazer literário, e dirigindo-se a aspirantes ao ofício da escrita, sai em defesa da captação de atmosferas vivenciadas, sentidas, e não, necessariamente, do registro de experiências totalizantes vividas na realidade. Enquanto Besant afirma que o escritor deveria escrever a partir do vivido, James argumenta em favor da adivinhação do invisível a partir do visível, "de julgar toda a peça pela mostra", de que a qualidade primeira do escritor consiste em "captar as impressões diretas", – características da mente imaginativa, do homem de gênio (ibidem, p.134).

Quando argumenta favoravelmente ao enredo de consciência, de "razão psicológica", conforme expressa, também aponta: "Captar o matiz de todo esse complexo é o mesmo que ser inspirado a titânicos esforços, pois há poucas coisas mais excitantes do que uma razão psicológica" (ibidem, p.136).

A ADERÊNCIA 27

Embora já tendo transposto o enredo de razão psicológica, ao qual James se reporta, Clarice Lispector também responde por essa abordagem da captação, formulada um século antes de sua produção, nessa crítica de James (ibidem) que legitima de modo arejado e agudo características que tomariam corpo mais adiante, com o Modernismo. A literatura de Clarice Lispector opera, sobretudo, não na representação da realidade vivida ou observável, mas na criação de uma, a partir dessa captação sugestiva e subjetiva de matizes do interno ou do externo presentes em pessoas ou situações, o que, por sua vez, adensa-se em complexidade dado o caráter metalinguístico intrínseco a essa operação. No ensaio "Realismo: postura e método", Tânia Pellegrini (2007), ao abordar a crise da representação, oriunda do gradativo esgotamento do Realismo oitocentista, arrola, em decorrência, esse outro modo de lidar com a realidade, e mesmo de conhecê-la:

> Os escritores passam assim a questionar a inteligência – a razão –, o mais importante de todos os instrumentos de perquirição do mundo herdados do Iluminismo; a especificidade da experiência material do indivíduo como determinante na relação com o mundo desaparece aos poucos; percebe-se o poder de conhecimento que pode advir da impressão, da sensação, da volição, numa espécie de aprofundamento do caráter cognitivo das emoções e sentimentos, que os românticos da primeira metade do século ou os realistas da primeira hora não chegaram a perceber. É outra vez um momento da redefinição do sujeito; a unidade e a permanência subjetivas positivistas que se impuseram antes agora são relativizadas inclusive pela ascensão das forças do inconsciente, com Freud, o que vai exigir novos códigos de representação. (ibidem, p.147)

A intuitiva escrita clariciana, pautada pelos estados de ânimo captados, é também claramente referenciada na crônica "Sensibilidade inteligente", o que talvez exemplifique o caráter cognitivo das emoções a que se refere Pellegrini (ibidem). Nesta, de 1968, se antevê a afinidade com a crítica de James (1968) referida anteriormente:

> O que, suponho, eu uso quando escrevo, e nas minhas relações com amigos, é esse tipo de sensibilidade. Uso-a mesmo em ligeiros contatos

28   CLARICE LISPECTOR E O CLÁSSICO CHINÊS I CHING

com pessoas, cuja atmosfera tantas vezes capto imediatamente. Suponho que este tipo de sensibilidade, uma que não só se comove como por assim dizer pensa sem ser com a cabeça, suponho que seja um dom. (Lispector, 1999a, p.148)

Por vezes, adensando-se, esses "ligeiros contatos", essas "captações", dão lugar a inescapáveis aderências entre criador e seu material, conforme nos é declarado em "Ao correr da máquina", de 1971. No trecho transcrito a seguir, lê-se um narrador reconhecendo uma agudeza de percepção que, de tão intensa, derruba as fronteiras entre o eu e o outro:

Que fazer, se sinto totalmente o que as outras pessoas são e sentem? Eu vivo na delas mas não tenho mais força. Vou viver um pouco na minha. Vou me impermeabilizar um pouco mais [...]. (ibidem, p.340)

Esse princípio de colagem, de aderência, decorrente da captação (também esta uma forma de aderência, uma vez que a percepção intuitiva vai ao encontro da escritora, à revelia de suas escolhas ou comandos), pois esse princípio é o que se lê também nas crônicas "Encarnação involuntária", "Sem título" e "Não sei", de 1970, 1971 e 1973, respectivamente.

Ao longo de toda a crônica "Encarnação involuntária", Clarice explicita o que denomina "intrusão em uma pessoa". Aqui, inicialmente, a Aderência configura-se como verdadeira prática de perquirição acerca do outro, o que resulta em compreensão e compaixão.

Às vezes, quando vejo uma pessoa que nunca vi, e tenho algum tempo para observá-la, eu me encarno nela e assim dou um grande passo para conhecê-la. E essa intrusão numa pessoa, qualquer que seja ela, nunca termina pela sua própria autoacusação: ao nela me encarnar, compreendo-lhe o motivo e perdoo. Preciso é prestar atenção para não me encarnar numa vida perigosa e atraente, e que por isso mesmo eu não queira o retorno a mim mesma [...]. (ibidem, p.295)

Nessa mesma crônica, entretanto, a Aderência é mais largamente exemplificada não com a gravidade da compreensão intuitiva, mas com irreverência. Clarice traz como exemplo sua encarnação em duas

A ADERÊNCIA

mulheres absolutamente díspares entre si (uma missionária e uma prostituta) e também muito distantes da vida íntima e do gestual da escritora; o seu contar resulta leve e bem-humorado:

> Um dia, no avião... ah, meu Deus – implorei – isso não, não quero ser essa missionária. Mas era inútil. Eu sabia que, por causa de três horas de sua presença, eu por vários dias seria missionária. A magreza e a delicadeza extremamente polida da missionária já me haviam tomado. É com curiosidade, algum deslumbramento e cansaço prévio que sucumbo à vida que vou experimentar por uns dias viver. No avião mesmo já comecei a andar com esse passo de santa leiga: então compreendo como a missionária é paciente, como se apaga com esse passo que mal quer tocar no chão, como se pisar mais forte viesse prejudicar os outros [...] uma vez, também em viagem, encontrei uma prostituta perfumadíssima que fumava entrefechando os olhos e estes ao mesmo tempo olhando fixamente um homem que já estava sendo hipnotizado. Passei imediatamente, para melhor compreender, a fumar de olhos entrefechados para o único homem ao alcance de minha visão intencionada. Mas o homem gordo que eu olhara para experimentar e ter a alma da prostituta, o gordo estava mergulhado no *New York Times*. E meu perfume era discreto demais. Falhou tudo. (ibidem, p.296-297)

Quanto a esse trecho, destaquemos, enfim, o tom ameno com que a Aderência pode ser também tratada, ao mesmo tempo que ele sinaliza, vale igualmente sublinhar, aquilo que ganhará uma formulação aguda com o trocista e irônico narrador de *A hora da estrela*: a escrita inscrevendo-se, primeiramente, não no papel, mas no corpo, lugar, por excelência, da compreensão.

Já na crônica "Sem título", a "intrusão", ou "colagem", ou Aderência é reafirmada como reforço da intensa vida íntima que edifica o senso de realidade com o qual trabalha a escritora.

> Como é que ousaram me dizer que eu mais vegeto que vivo? Só porque levo uma vida um pouco retirada das luzes do palco. Logo eu, que vivo a vida no seu elemento puro. Tão em contato estou com o inefável.

Respiro profundamente Deus. E vivo muitas vidas. Não quero enumerar quantas vidas dos outros eu vivo. Mas sinto-as todas, todas respirando. E tenho a vida de meus mortos. A eles dedico muita meditação. Estou em pleno coração do mistério. (ibidem, p.354)

Na crônica "Não sei", a Aderência, figurada no verbo "pegar", é posta, pela escritora, como condição para que se lance à escrita de uma história:

Vocês podem me dizer o que lhes interessa, sobre o que gostariam que eu escrevesse. Não prometo que sempre atenda o pedido: o assunto tem que pegar em mim, encontrar-me em disposição certa. (ibidem, p.466)

A Aderência que, conforme se vai notando através das crônicas, fortemente consiste em sentir os meandros de uma vida alheia, em compreender, em captar uma realidade e imediatamente criar outra, ou criar a partir dela, nos é também diretamente anunciada pelo narrador do conto "Os obedientes", do livro *A legião estrangeira*, que, logo no primeiro parágrafo da narrativa, declara ter aderido ao casal cuja história irá narrar.

Trata-se de uma situação simples. De um fato a contar e a esquecer. Mas cometi a imprudência de parar nele um instante mais do que deveria e afundei dentro ficando comprometida. Desde esse instante em que também me arrisco – pois aderi ao casal de que vou falar – desde esse instante já não se trata apenas de um fato a contar e por isso começam a faltar palavras. A essa altura, já afundada demais, o fato deixou de ser um simples fato, e o que se tornou mais importante foi a sua própria e difusa repercussão. (idem, 1999b, p.89)

Ao final do conto "A legião estrangeira", a colagem entre personagem e narradora, paroxismo da sensibilidade e da aguda percepção intuitiva desta, é também retratada:

Por que – confundia-me eu – por que estou tentando soprar minha vida na sua boca roxa? Por que estou lhe dando uma respiração? Como ouso respirar dentro dela, se eu mesma... – somente para que ela ande, estou lhe dando os passos penosos? Sopro-lhe minha vida só para que um

A ADERÊNCIA

dia, exausta, ela por um instante sinta como se a montanha tivesse caminhado até ela? [...] Olhou-o na mão que se estendia, olhou-me, olhou de novo a mão – e de súbito encheu-se de um nervoso e de uma preocupação que me envolveram automaticamente em nervoso e preocupação. [...] Pela primeira vez me largara, ela não era mais eu. (ibidem, p.107, 109)

Em trechos de duas entrevistas, transcritos a seguir, também se vê Clarice Lispector, autora, explicitando esse mesmo processo de criação, em que à captação de uma atmosfera vivida ou pertencente ao outro, seguida pela gradativa assimilação de identidade alheia – em processo de aderência –, sucede o surgimento da história. O primeiro trecho pertence à entrevista concedida ao apresentador Júlio Lerner, da TV Cultura, em dezembro de 1977.

JL: Que novela é essa, Clarice?

CL: É a história de uma moça que só comia cachorro-quente. A história é de uma inocência pisada, de uma miséria anônima...

JL: O cenário dessa novela é...

CL: É o Rio de Janeiro... Mas o personagem é nordestino, é de Alagoas...

JL: Onde você foi buscar a inspiração, dentro de si mesma?

CL: Eu morei no Recife, me criei no Nordeste. E depois, no Rio de Janeiro tem uma feira de nordestinos no Campo de São Cristóvão e uma vez eu fui lá. E peguei o ar meio perdido do nordestino no Rio de Janeiro. Daí começou a nascer a ideia. Depois eu fui a uma cartomante e ela disse várias coisas boas que iam acontecer e imaginei, quando tomei o táxi de volta, que seria muito engraçado se um táxi me atropelasse e eu morresse depois de ter ouvido todas aquelas coisas boas. Então a partir daí foi nascendo também a trama da história. (Lerner, 2007, p.26)

Similarmente, em entrevista a Eric Nepomuceno, publicada na revista *Crisis*, em julho de 1976, a escritora afirma buscar, em seu trabalho, a captação de uma "realidade íntima", "vivida ou imaginada":

Como a senhora trabalha? Para escrever necessito abstrair-me de tudo. Quando escrevo não penso em ninguém, nem sequer em mim mesma. Somente o que me preocupa é captar a realidade íntima das coisas e a magia do instante. Minhas novelas e meus contos vêm em pedaços, anotações sobre os personagens, o tema, o cenário, que depois vou ordenando, mas que nasce de uma realidade interior vivida ou imaginada, sempre muito pessoal, não me preocupo nunca pela estrutura da obra. A única estrutura que admito é a óssea. (Lispector apud Rocha, 2011, p.121)

Essa gênese de criação, cujo movimento se perfaz de dentro para fora, que surge no interior para depois exteriorizar-se por meio do trabalho com a palavra, é confirmada por Clarice em resposta curta e assertiva à observação feita pela escritora Marina Colasanti, em entrevista realizada em 1976, no Museu da Imagem e do Som (MIS) do Rio de Janeiro, por ela, Affonso Romano de Sant'Anna e João Salgueiro.

MC: Eu acho que é muito recorrente nos contatos de Clarice com o pessoal de literatura esse desencontro, porque os estudiosos de literatura têm dificuldade em admitir que o teu trabalho é de dentro para fora, e não de fora para dentro. Teu trabalho realmente, como você mesma diz, se dita, se faz. E isso para os exegetas literários é uma coisa muito complicada, porque eles procuram os caminhos "fora" que te levariam às coisas.

CL: É, eu sei disso. (Sant'Anna; Colasanti, 2013, p.225)

Em datiloscrito presente no acervo da escritora na Fundação Casa de Rui Barbosa, intitulado "Saudade: teia de aranha" (não publicado, até o momento, em qualquer coletânea), lê-se esse mesmo expediente da Aderência:

Não posso mais viver. A cidade me fascina com seus edifícios altos, com sua gente feia, gnomos, anões, gigantes. Olho e vejo cada um, e gravo na vista cada um. E as prostitutas? Fajudas que essas são. (Fajudas – o que significa mesmo? Falsas?) E o cinema Vitória. Quase xxxx vazio. Sentei-me perto de uma bicha velha e sofri sua vida.

A ADERÊNCIA 33

Na escrita de Clarice Lispector, mostram-se, portanto, recorrentes essas imagens de grude, colagem, intrusão, intuição, captação. Essas colocações formuladas pela própria escritora ou representadas por meio da atuação de seus narradores sugerem que o processo criativo de Clarice Lispector, bem como sua representação, está relacionado a essa peculiar forma de ligação – aqui denominada Aderência – com a realidade vivida ou sentida. É essa uma das molas propulsoras do seu ato criativo, e mesmo de sua ficcionalização. Um exemplo fornecido por Henry James (1968), no seu referido ensaio, lido pela escritora, parece sistematizar esse processo igualmente clariciano.

Lembro-me de que uma escritora inglesa, mulher de gênio, contou-me certa ocasião que havia sido bastante elogiada pela impressão que conseguira causar ao narrar num de seus contos a natureza e o modo de vida das jovens protestantes francesas. Perguntaram-lhe onde ela havia aprendido detalhes sobre seres tão recônditos como aquelas moças. E ela disse que, estando certa vez em Paris, ao subir uma escada, passou por uma porta aberta onde, no interior de um Pasteur, algumas jovens protestantes estavam sentadas em torno de uma mesa depois da refeição. *A simples olhada criou o quadro; este se fixou por um momento apenas, mas este momento foi experiência vivida.* Tocou-lhe a impressão pessoal e ensejou-lhe a criação de um tipo perfeito. Ela sabia o que era a juventude e o protestantismo; possuía a vantagem de já ter visto o que significava ser francês; assim converteu essas ideias numa imagem concreta e produziu a realidade. Acima de tudo, entretanto, ela tinha a faculdade de tomar conta de toda a mão se lhe fosse oferecido um dedo que é para o artista fonte maior de inspiração e vigor do que qualquer acontecimento em escala social. (ibidem, p.135, grifo meu)

Esse trecho contribui especialmente para a compreensão da atmosfera que ronda o conto "Os obedientes" e o trecho da entrevista em que Clarice fala sobre sua última novela. Fica claro, nesses dois exemplos, que, assim como ilustrou James, o todo de suas histórias se vai fazendo a partir de uma pequena parte, de uma impressão captada, adivinhada, pega no ar. Ainda, "Olho e vejo cada um, e gravo na vista cada um", trecho de "Saudade: teia de aranha", transcrito anteriormente, conjuga diretamente com os efeitos da força do olhar da escritora inglesa aludida por James, conforme destacado antes.

Uma segunda afinidade, por assim dizer, entre proposições de James e de Clarice, também afim ao que aqui se persegue, dá-se no que concerne à dupla conteúdo e forma. Segundo Henry James (ibidem), não há qualquer separação entre ambos os processos; antes, um é absolutamente tributário do outro:

> Na medida em que a obra é bem-sucedida a ideia nela penetra, nela se infiltra e a anima, de forma a que cada palavra e cada pontuação contribuam diretamente para a expressão, como se o enredo fosse uma espada que pudesse ser desembainhada mais ou menos, de acordo com a vontade do cavaleiro.
>
> O enredo e o romance, a ideia e a firma são como agulha e linha; nunca ouvi dizer que alguma corporação de alfaiates recomendasse a seus membros o uso da linha sem a agulha ou da agulha sem a linha. (ibidem, p.135)

O escritor inglês está tratando da mesma indiferenciação entre fundo e forma, entre forma e conteúdo, de que tratou Clarice Lispector na crônica "Forma e conteúdo", de 1969:

> Fala-se da dificuldade entre a forma e o conteúdo, em matéria de escrever; até se diz: o conteúdo é bom, mas a forma não, etc. Mas, por Deus, o problema é que não há de um lado um conteúdo, e de outro a forma. Assim seria fácil: seria como relatar através de uma forma o que já existisse livre, o conteúdo. Mas a luta entre a forma e o conteúdo está no próprio pensamento: o conteúdo luta por se formar. Para falar a verdade, não se pode pensar num conteúdo sem sua forma. (Lispector, 1999a, p.255)

Essa mesma indiferenciação referente a "fundo" e "forma", Clarice a retoma no seu ensaio, do mesmo período, acerca do conceito de vanguarda, em que a linguagem literária é intrinsecamente atrelada ao amadurecimento da literatura de língua portuguesa:

> Estou chamando de vanguarda "pensarmos" a nossa língua. Nossa língua ainda não foi profundamente trabalhada pelo pensamento.

A ADERÊNCIA 35

"Pensar" a língua portuguesa do Brasil significa pensar sociologicamente, psicologicamente, filosoficamente, linguisticamente sobre nós mesmos.

Os resultados são e serão o que se chama de linguagem literária, isto é, linguagem que reflete e diz, com palavras que instantaneamente aludem a coisas que vivemos; numa linguagem real; numa linguagem que é fundo-forma, a palavra é na verdade um ideograma. (idem, 2005, p.105-106)

Em conformidade com as outras considerações da escritora aqui analisadas, a essa perspectiva da indistinção fundo-forma pode-se manter a premissa da captação, o princípio de Aderência. Isso porque na etapa ativa (e solitária) do redigir, do criar, por exemplo, algo já está presente *in acto*, "a intuição grudada e colada",[2] de que a escritora fala em sua crônica "A perigosa aventura de escrever". Progressivamente, como "não se pode pensar em um conteúdo sem sua forma", segundo a autora, "o conteúdo luta por formar-se", por aderir à forma que efetivamente o representa. É assim que a dificuldade de encontrar uma forma é inerente ao constituir--se do conteúdo, do "próprio pensar ou sentir, que não saberiam existir sem sua forma adequada e às vezes única" (idem, 1999a, p.183).

Assim, por ora, levantados esses exemplos, o que aqui se denomina Aderência compõe o processo de criação de Clarice Lispector na medida em que é uma figuração da indiferenciação entre forma e conteúdo e na medida em que, antes mesmo dessa etapa de consolidação de um conteúdo em uma forma, é também figuração da chegada de um assunto, de uma ideia, que, conforme explicitou a escritora, em consonância com o ensaio de Henry James (1968), devem ser pegos ou captados por ela, e não necessariamente vividos. Em itens posteriores dessa leitura, novas proposições sobre o conceito de Aderência deverão contribuir para a

---

2 "'Minhas intuições se tornam mais claras ao esforço de transpô-las em palavras.' Isso eu escrevi uma vez. Mas está errado, pois que, ao escrever, grudada e colada, está a intuição. É perigoso porque nunca se sabe o que virá – se se for sincero. Pode vir o aviso de uma destruição, de uma autodestruição por meio de palavras. Podem vir lembranças que jamais se queria vê-las à tona. O clima pode se tornar apocalíptico. O coração tem que estar puro para que a intuição venha. E quando, meu Deus, pode-se dizer que o coração está puro? Porque é difícil apurar a pureza: às vezes no amor ilícito está toda a pureza de corpo e alma, não abençoado por um padre, mas abençoado pelo próprio amor. E tudo isso pode-se chegar a ver – e ter visto é irrevogável. Não se brinca com a intuição, não se brinca com o escrever: a caça pode ferir mortalmente o caçador" (Lispector, 1999a, p.183).

36 CLARICE LISPECTOR E O CLÁSSICO CHINÊS I *CHING*

compreensão desses aspectos destacados: a indistinção entre forma e conteúdo e a captação. No introito de *A paixão segundo G.H.* (1964), a Aderência singulariza-se sobremaneira. A fim de se acompanhar essa singularização, segue-se uma pormenorização da estrutura da narração do primeiro capítulo[3] do romance. Sequencialmente, uma vez ali identificada outra sutil metáfora de Aderência, cujo embrião parece estar no conto "Os desastres de Sofia", este receberá abordagem igualmente mais detalhada. Por decorrente pertinência argumentativa, o mesmo se dará com o conto "Antes da Ponte Rio-Niterói". Por fim, atendendo à proposição mais ampla da abordagem, a Aderência presente em *A hora da estrela* será também analisada separadamente.

A Aderência no primeiro capítulo de *A paixão segundo G.H.*

A uma descrição estrutural do primeiro capítulo de *A paixão segundo G.H.*, é pertinente antepor que logo no começo do segundo (nos cinco primeiros parágrafos) o leitor recebe indicativos objetivos acerca da ação que compõe a narrativa primeira; trata-se do tempo: "Ontem de manhã", "Eram quase dez horas da manhã"; do espaço: "[...] quando saí da sala para o quarto da empregada", "Atardava-me à mesa do café"; e de parte constitutiva da própria história: "No dia anterior a empregada se despedira. O fato de ninguém falar ou andar e poder provocar acontecimentos, alargava em silêncio esta casa onde em semiluxo eu vivo" (Lispector, 1996, p.17).

Essa narração mais objetiva – muito embora surja intercalada com outra, de caráter subjetivo – não caracteriza o capítulo inicial. Neste, a narração é composta predominantemente por intransitividades verbais, por repetições, por reflexões figurativas, por pronomes interrogativos e indefinidos que, longe de esclarecerem o leitor acerca de uma anunciada

---

3 Na verdade, o romance não possui capítulos intitulados ou enumerados. Essa enumeração foi adotada para facilitar referências e localizações. São 33 os capítulos de *A paixão segundo G.H.*

A ADERÊNCIA   37

narrativa primeira, suspendem-na e tensionam-na, ao mesmo tempo que, condensadamente, formam o que ficará distribuído, intercalado, ao longo de todo o romance como um tema, uma de suas pautas.

É assim, por exemplo, que, em meio àquelas narrações sobre tempo, espaço e ações, G.H., no segundo capítulo, pergunta-se:

> Naquela manhã, antes de entrar no quarto, o que era eu? Era o que os outros sempre me haviam visto ser, e assim eu me conhecia. Não sei dizer o que eu era. Mas quero ao menos me lembrar: que estava eu fazendo? [...] Atardava-me à mesa do café – como está sendo difícil saber como eu era. No entanto tenho que fazer o esforço de pelo menos me dar uma forma anterior para poder entender o que aconteceu ao ter perdido essa forma. (ibidem)

Desse modo, no romance *A paixão segundo G.H.*, tem-se a narração não apenas da experiência mística vivida pela personagem, mas também de todo o seu esforço de linguagem a fim de encontrar, através da palavra, sentidos de existência – anteriores e posteriores à entrada no quarto da ex-empregada, Janair. E esse esforço de linguagem, que vem do embate entre a dificuldade e a necessidade de narrar o que se sucedeu no quarto, diante da barata, constitui o assunto predominantemente narrado no primeiro capítulo, espécie de preâmbulo da narrativa. Com efeito, em seu estudo paródico sobre esse romance, Olga de Sá, já acerca do título, observa: "A paixão *de* G.H. é o sofrimento para alcançar a despersonalização da mudez; a paixão *segundo* G.H., o sofrimento de narrar essa experiência vital" (Sá, 1979, p.257).

A dificuldade em empreender a necessária narração resulta em um trecho estruturalmente dilatado apenas por sugestões ou pistas diversas de um fato, e não por qualquer fato propriamente narrado. Ao longo de 47 parágrafos, a narradora autodiegética nos esconde a mínima narração acerca do episódio que lhe aconteceu durante algumas horas do dia anterior. Similarmente à análise de Genette acerca da cena proustiana, a ação, no que tem de objetiva, apaga-se "quase completamente, em proveito da caracterização psicológica" (Genette, 1979, p.111); no caso de *A paixão segundo G.H.*, em proveito especialmente de uma caracterização ontológica.

Exemplares dessa dilatação são as relações de repetição, especialmente de intransitividades verbais ou de complementações apenas figurativas ou indefinidas.

Logo no primeiro parágrafo, tem-se, justamente, a repetição da falta de complementação dos verbos e mesmo da complementação indefinida deles. G.H. não conta o que "procura", o que "tenta entender", o que "tenta dar", "o que viveu", "o que lhe aconteceu", apenas os repete intransitivamente:

> – – – – – estou procurando, estou procurando. Estou tentando entender. Tentando dar a alguém o que vivi e não sei a quem, mas não quero ficar com o que vivi. Não sei o que fazer do que vivi. [...] Não confio no que me aconteceu. Aconteceu-me alguma coisa que eu, pelo fato de não a saber, vivi uma outra? A isso quereria chamar desorganização [...]. A isso prefiro chamar desorganização pois não quero me confirmar no que vivi. (Lispector, 1996, p.9)

Sequencialmente, tem-se a indeterminação reiterada. Como no trecho a seguir em que, além da repetição do verbo "perder", há a complementação indefinida, "alguma coisa", ou figurativa, "como se eu tivesse perdido uma terceira perna":

> Perdi alguma coisa que me era essencial e que já não me é mais. Não me é necessária, assim como se eu tivesse perdido uma terceira perna que até então me impossibilitava de andar mas que fazia de mim um tripé estável. Essa terceira perna eu perdi. (ibidem)

Repetidamente, G.H. segue com a suspensão do fato ocorrido, instaurador de uma "covardia" – comparada a "acordar de manhã na casa de um estrangeiro" – que também não é clara ao leitor. A referência evasiva ao "perder" é reforçada.

> Estou desorganizada porque perdi o que não precisava? Nesta minha nova covardia – a covardia é o que de mais novo já me aconteceu, é a minha maior aventura, essa minha covardia é um campo tão amplo que só a grande coragem me leva a aceitá-la – na minha nova covardia, que é

A ADERÊNCIA   39

como acordar de manhã na casa de um estrangeiro, não sei se terei coragem de simplesmente ir. É difícil perder-se. (ibidem, p.9-10)

As constantes frases interrogativas também retêm a narração (assertiva) de um fato principal, ao mesmo tempo que contribuem para o exercício de busca, através da linguagem, empreendido por G.H. Repetições
de palavras ou de estruturas frasais prosseguem reforçando tanto o exercício da busca quanto a suspensão da narração.

Sei que ainda não estou sentindo livremente, que de novo penso porque tenho por objetivo achar – e que por segurança chamarei de achar o
momento em que encontrar um meio de saída. Por que não tenho coragem de apenas achar um meio de entrada? Oh, sei que entrei, sim. Mas
assustei-me porque não sei para onde dá essa entrada. (ibidem, p.10)

E logo no parágrafo seguinte:

Ontem no entanto perdi durante horas e horas a minha montagem
humana. Se tiver coragem, eu me deixarei continuar perdida. Mas tenho
medo do que é novo e tenho medo de viver o que não entendo – quero
sempre ter a garantia de pelo menos estar pensando que entendo, não
sei me entregar a desorientação. Como é que se explica que o meu maior
medo seja em relação: a ser? e no entanto não há outro caminho. Como
se explica que meu maior medo seja exatamente o de ir vivendo o que for
sendo? Como é que se explica que eu não tolere ver, só porque a vida não
é o que eu pensava e sim outra? – como se antes eu tivesse sabido o que
era! Por que é que ver é uma tal desorganização? (ibidem)

Em meio à procura de G.H. em dar uma forma ao que lhe aconteceu, a fim de que não fique à mercê da profunda desorganização, há a
narração – igualmente repetitiva – de um forte receio de mentir para si
própria, de reconstituir uma "terceira perna" que, diz, "em mim renasce
fácil como capim" (ibidem, p.11). Esse embate entre a necessidade e a
dificuldade dá sinais de começar a se resolver a partir de uma indagação
de G.H. (em busca, vã, por nova linguagem que expresse o neutro com
o qual ela se deparou):

Mas como faço agora? [...] Como pois inaugurar agora em mim o pensamento? E talvez só o pensamento me salvasse, tenho medo da paixão. (ibidem)

Essa atmosfera de indagação irá, mais adiante, desembocar, segundo análise de Benedito Nunes (2009b), na instauração do *pathos* da escrita. G.H. vai reconhecendo seu "fracasso" de linguagem, como ela própria o denomina, vai compreendendo, e aceitando, que só através de sua falha conseguirá aproximar-se do indizível; na sujeição a esse modo de dizer, ou escrever, está o *pathos*:

[...] a trajetória mística de G.H. passa pela *via crucis* da linguagem, pelo gozoso padecimento de ter que buscar a forma para expressar o neutro, o cru, o não humano, a existência, o ser. "A linguagem é meu esforço humano. Por destino tenho que ir buscar e por destino volto com as mãos vazias. Mas – volto – o indizível só me poderá ser dado através do fracasso de minha linguagem. Só quando falha a construção, é que obtenho o que ela não conseguiu." Eis o *pathos* da escrita como um padecimento de sujeição ao sagrado, ao inconsciente amor que atravessa a vida. (Nunes, 2009b, p.318)

A paixão *segundo* G.H. realiza-se, com efeito, a partir da submissão ou rendição à única linguagem que G.H. possui; a partir da aceitação do fracasso da linguagem, do reconhecimento de que o indizível reside, justamente, no resíduo daquilo que sua denominação busca, mas não alcança. Se a finalidade da paixão é desvelar o ser, trata-se de desvelá-lo, conforme enunciou Olga de Sá, "contra a razão que o encobre", "contra a linguagem", mas "fazendo linguagem" (2004, p.124).

O instante que traz essa submissão como possibilidade está narrado no referido capítulo inicial e é tensionado por doze parágrafos anteriores que, conforme se viu, narram repetitivamente a necessidade de um difícil enformamento. E o instante mesmo da submissão ou rendição é ainda dilatado pela repetição da expressão "já que" seguida de quatro verbos que, por si só, exprimem um percurso de padecimento. Surgem duas vezes a força egoica do "tenho", depois a exposição frágil do "precisarei", depois a não resistência absoluta do "sucumbirei". Cumpre notar, ainda,

A ADERÊNCIA

41

que a fragilidade e a passividade expressas por esses dois últimos verbos surgem reforçadas pelo uso do advérbio "fatalmente" que, ao derivar do latim *"fatale"*, conta com o sentido – também impotente ao humano – daquilo que é fixado pelo fado ou destino:[4]

> Já que tenho de salvar o dia de amanhã, já que tenho que ter uma forma porque não sinto força de ficar desorganizada, já que fatalmente precisarei enquadrar a monstruosa carne infinita e cortá-la em pedaços assimiláveis pelo tamanho de minha boca e pelo tamanho da visão de meus olhos, já que fatalmente sucumbirei à necessidade de forma que vem de meu pavor de ficar indelimitada – então *que pelo menos eu tenha a coragem de deixar que essa forma se forme sozinha como uma* crosta *que por si mesma endurece, a nebulosa de fogo que se esfria em terra*. E que eu tenha a coragem de resistir à tentação de inventar uma forma. (Lispector, 1996, p.11, grifo meu)

A sua narração não poderá, pela força da razão, buscar o sentido; deverá, pela força da paixão, revestir-se de sentido. Assim, aqui onde se lê o *pathos* da escrita, como o enunciou Nunes (2009b), lê-se a singularização, em importância, de uma metáfora de aderência, a saber: o grude em terra da nebulosa de fogo, intrínseco ao seu esfriamento natural. Conforme se fundamentará mais adiante, essa metáfora é de capital importância nessa argumentação, porque coincidente com a imagem que, no *I Ching*, responde pelo fazer artístico, segundo análise do sinólogo Richard Wilhelm (2006).

Precisamente no instante em que se rendeu à linguagem, G.H. instaura outra condição à narração, o fingir escrever para alguém, cuja mão será bastante solicitada no decorrer da narração:

> Esse esforço que farei agora por deixar subir à tona um sentido, qualquer que seja, esse esforço seria facilitado se eu fingisse escrever para alguém. (Lispector, 1996, p.11)

---

4 "Fatal. [Do lat. *fatale*]. Adj. 2 g. 1. Determinado, marcado, fixado pelo fado ou destino. Fatalmente. [De fatal + mente]. Adv. 1. De modo fatal; inevitavelmente". In: BUARQUE DE HOLANDA FERREIRA, A. *Novo dicionário Aurélio da língua portuguesa*. 3.ed. Curitiba: Positivo, 2004. p.877.

42   CLARICE LISPECTOR E O CLÁSSICO CHINÊS I *CHING*

Estou tão assustada que só poderei aceitar que me perdi se imaginar que alguém me está dando a mão. (ibidem, p.13)

Nessa (nova) posição assumida por um incerto personagem-leitor, faz-se lícito constatar a presença de outra metáfora de aderência. Uma vez que G.H. parece encontrar (ou representar) no "tu" imaginário a força, ou a coragem, ou a compreensão, ou a clareza com as quais vai dando corpo à sua experiência, gruda-se nele. Adiantem-se, aqui, inversões em relação ao que se passa em *A hora da estrela*, quando é a personagem, de contornos bem definidos, quem gruda na pele do narrador, compelindo-o a narrar.

De volta a G.H., após suas rendições e condições, porém, a narradora prossegue com a dilatação dessa cena inicial, prossegue com o contar evasivo, hesitante, que, no segundo capítulo, conforme já se destacou, passará a ser intercalado com narrações mais precisas acerca da história primeira, mas que não cessará, uma vez que o *pathos* da linguagem foi, pela narradora, incorporado à sua história.

No antepenúltimo parágrafo há a narração do que sugere ser a figuração da passional aproximação da narração da história primeira. Mesmo ele, porém, não está isento das indefinições anteriormente destacadas:

Os sinais de telégrafo. O mundo eriçado de antenas e eu captando o sinal. Só poderei fazer a transcrição fonética. Há três mil anos desvairei--me, e o que restaram foram fragmentos fonéticos de mim. Estou mais cega do que antes. Vi, sim. Vi, e me assustei com a verdade bruta de um mundo cujo maior horror é que ele é tão vivo que, para admitir que estou tão viva quanto ele – e minha pior descoberta é que estou tão viva quanto ele – terei que alçar minha consciência de vida exterior a um ponto de crime contra a minha vida pessoal. (ibidem, p.15)

Os dois últimos parágrafos do capítulo inicial mantêm o adiamento de que falou a própria narradora, através, mais uma vez, de repetições, de longas orações intercaladas, de interrogação. Por outro lado, o parágrafo maior revela que o exercício de linguagem empreendido, que corresponde ao presente da narração, foi tributário de uma compreensão. Se ele reteve a história primeira, ele foi, ao mesmo tempo, matéria de outra

A ADERÊNCIA

história – absolutamente entrelaçada àquela; compôs a história cujo tema
é a busca de uma compreensão através de uma narração supostamente
submetida não à razão, mas à paixão. É o que lemos, enfim, quando G.H.
conta ter apenas "ontem e agora" descoberto algo acerca de si mesma:

> Para a minha anterior moralidade profunda – minha moralidade era
> o desejo de entender e, como eu não entendia, eu arrumava as coisas, foi
> só ontem e agora que descobri que sempre fora profundamente moral:
> eu só admitia a finalidade – para a minha profunda moralidade anterior,
> eu ter descoberto que estou tão cruamente viva quanto essa crua luz que
> ontem aprendi, para aquela minha moralidade, a glória dura de estar viva
> é o horror. Eu antes vivia de um mundo humanizado, mas o puramente
> vivo derrubou a moralidade que eu tinha?
> É que um mundo todo vivo tem a força de um inferno. (ibidem, p.16)

O "ontem", enfim, refere-se à experiência vivida diante da barata,
portanto, à história primeira; o "agora" refere-se à tentativa de contá-la
ou, mais do que isso, de incorporá-la, de significá-la, através da linguagem.

A Aderência em "Os desastres de Sofia"

O conto "Os desastres de Sofia", de 1963, tece uma gênese da escritura enquanto narra os conflitos de uma menina com seu professor. Sofia,
a narradora autodiegética, já adulta, narra o modo desafiador como,
menina, lidava com seu professor do curso primário, cuja angústia havia,
como que irresistivelmente, adivinhado:

> O professor era gordo, grande e silencioso, de ombros contraídos.
> Em vez de nó na garganta, tinha ombros contraídos. Usava paletó curto
> demais, óculos sem aro, com um fio de ouro encimando o nariz grosso e
> romano. E eu era atraída por ele. Não amor, mas atraída pelo seu silêncio
> e pela controlada impaciência que ele tinha em nos ensinar e que, ofen-
> dida, eu adivinhara. Passei a me comportar mal na sala. Falava muito
> alto, mexia com os colegas, interrompia a lição com piadinhas, até que
> ele dizia, vermelho:

— Cale-se ou expulso a senhora da sala.

Ferida, triunfante, eu respondia em desafio: pode me mandar! Ele não mandava, senão estaria me obedecendo. (idem, 1999b, p.11)

A despeito dos enfrentamentos cotidianos, o grande conflito entre ambos se dá quando da escrita de uma história cujo tema fora proposto pelo professor. No que concerne à trama do conto, o resultado desse conflito é a percepção assustada, por parte da menina, da sua escrita como iniciação a um *sacro ofício*.

Em cumprimento da tarefa, Sofia escreve uma história avessa à moral presente na narrativa contada pelo professor, que deveria ser continuada pelos alunos; e, conforme declara, escreve-a de qualquer jeito, despretensiosamente, apenas para ser a primeira a correr ao recreio e demonstrar ao professor "rapidez", o que lhe parecia essencial para se viver e o que, "tinha certeza, o professor só podia admirar" (ibidem, p.17). Mais tarde, quando volta à sala para buscar qualquer coisa – e sem, antes, ter recebido qualquer elogio por sua velocidade –, é surpreendida pelo professor já leitor de sua composição, absolutamente surpreso, curioso e esperançoso daquilo que a menina escrevera. A moral avessa encantara o professor.

O efeito imediato de tal história, assim que lida pelo mestre, representou um desmoronamento no modo como Sofia lidava com ele e com o mundo:

A súbita falta de raiva nele. Olhei-o intrigada, de viés. E aos poucos desconfiadíssima. Sua falta de raiva começara a me amedrontar, tinha ameaças novas que eu não compreendia. [...] Perplexa, e a troco de nada, eu perdia o meu inimigo e sustento. (ibidem, p.21)

O professor, então, gostara muito da história, mais do que isso, confiara na menina (ibidem, p.23). O encantamento e a confiança vistos por Sofia frustram-na: "Ele matava em mim pela primeira vez a minha fé nos adultos: também ele, um homem, acreditava como eu nas grandes mentiras" (ibidem, p.24), afirma a narradora. Assim, Sofia volta correndo, "horrorizada" e "espantada", para o parque do colégio, onde busca entender um pouco mais o que se passou, embora ainda haja "muito mais

A ADERÊNCIA   45

corrida" dentro de si. Reconhece ter sido "tudo o que aquele homem tivera naquele momento" (ibidem, p.25):

> Pelo menos uma vez ele teria que amar, e sem ser a ninguém – através de alguém. E só eu estivera ali. Se bem que esta fosse a sua única vantagem: tendo apenas a mim, e obrigado a iniciar-se amando o ruim, ele começara pelo que poucos chegavam a alcançar. [...] Ali estava eu, a menina esperta demais, e eis que tudo o que em mim não prestava servia a Deus e aos homens. Tudo o que em mim não prestava era o meu tesouro. (ibidem, p.26)

O que a narradora nos coloca, espantada, é que a continuação escrita que ela dera à história contada pelo professor iniciou-a no ofício de escritora; passa a lhe caber o ofício sagrado da criação. Com efeito, ela adulta (e, portanto, já escritora), ao recuperar essas memórias de menina, sugere-nos a origem não só dessa história como também de outras:

> Foi talvez por tudo o que contei, misturado e em conjunto, que escrevi a composição que o professor mandou, ponto de desenlace dessa história e começo de outras [...]. (ibidem, p.16)

E também é possível identificar nesse conto motes de outras narrativas de Clarice. Em destaque, a partir de agora, alguns desses motivos desenvolvidos em *A paixão segundo G.H.*

Enquanto, por exemplo, a "esperança" é largamente narrada por G.H. como uma das "sentimentações" que lhe impedem o contato com o neutro, com o núcleo vital, Sofia, ao tentar se lembrar da composição que escreveu, observa: "É possível também que já então meu tema de vida fosse a irrazoável esperança [...]" (ibidem, p.18).

Também no conto, lê-se, ainda incipiente, o contato com o olhar da barata: mortífero e vivificador para G.H. e já metáfora aterrorizante para Sofia:

> Para a minha súbita tortura, sem me desfitar, foi tirando lentamente os óculos. E olhou-me com olhos nus que tinham muitos cílios. Eu nunca tinha visto seus olhos que, com as inúmeras pestanas, pareciam duas baratas

doces. Ele me olhava. E eu não soube como existir na frente de um homem. Eu nunca tinha visto seus olhos que tinham muitos cílios. (ibidem, p.20)

Invariavelmente, em "Os desastres de Sofia" lê-se também, e sobretudo, o desabrochar do insólito contato com a realidade, íntima, de difícil nomeação, desabrochar intrínseco ao da escritura – que é de busca. Para muito além do sorriso que está vendo, estampado no rosto de seu professor, Sofia, em pé diante dele, apresenta-nos as mesmas negações e indefinições de G.H. diante da busca pelo dizer essencial:

Eu era uma menina muito curiosa e, para a minha palidez, eu vi. Eriçada, prestes a vomitar, embora até hoje não saiba ao certo o que vi. Mas sei que vi. Vi tão fundo quanto numa boca, de chofre eu via o abismo do mundo. Aquilo que eu via era anônimo como uma barriga aberta para a operação de intestinos. [...] O que vi, vi tão de perto que não sei o que vi. (ibidem, p.22)

Na menina, o desabrochar da percepção de uma realidade irredutível era, naturalmente, "vastidão" do que "não conhecia", mas que a ela se "confiava toda". Desconhecê-la e ao mesmo tempo confiar nessa espécie de força que a impelia para os ermos de um outro é, como anuncia, fonte de um nascente misticismo, que, em *A paixão segundo G.H.*, alimentará aquele percurso espiritual intermediado pelo contato com a realidade crua e muda da barata.

É verdade que nem eu mesma sabia ao certo o que fazia, minha vida com o professor era invisível. Mas eu sentia que meu papel era ruim e perigoso: impelia-me a voracidade por uma vida real que tardava [...] só Deus perdoaria o que eu era porque só ele sabia do que me fizera e para o quê. Eu me deixava, pois, ser matéria d'Ele. Ser matéria de Deus era a minha única bondade. E a fonte de um nascente misticismo. Não misticismo por Ele, mas pela matéria d'Ele, mas pela vida crua e cheia de prazeres: eu era uma adoradora. (ibidem, p.13)

De modo ainda similar a G.H. quando do final de seu relato, ao final do conto vê-se surgir em Sofia um apaziguamento diante da não compreensão:

A ADERÊNCIA

Através de mim, a difícil de se amar, ele recebera, com grande caridade por si mesmo, aquilo de que somos feitos. Entendia eu tudo isso? Não. E não sei o que na hora entendi. Mas assim como por um instante no professor eu vira com aterrorizado fascínio o mundo – e mesmo agora ainda não sei o que vi – assim eu nos entendi, e nunca saberei o que entendi. Nunca saberei o que eu entendo. O que quer que eu tenha entendido no parque foi, com um choque de doçura, entendido pela minha ignorância. (ibidem, p.26-27)

Através dos rastros desses exemplos, parece ficar indicado que o romance *A paixão segundo G.H.* calca caminhos contornados no conto. Assim, também a imagem de Aderência, tal como aqui abordada, surge sutilmente indicada em "Os desastres de Sofia", o que ocorre, segundo a presente leitura, de duas maneiras. Na primeira delas, sem ser um ato mencionado, anunciado, como o evidenciaram algumas crônicas, a Aderência aparece implicada na verdadeira fixação que o professor, escolhido, exerce na incipiente escritora:

E eu era atraída por ele. Não amor, mas atraída pelo seu silêncio e pela controlada impaciência que ele tinha em nos ensinar e que, ofendida, eu adivinhara. Eu ia receber de volta uma realidade que não teria existido se eu não a tivesse temerariamente adivinhado e assim lhe dado vida. (ibidem, p.11)

Em outras palavras, a Aderência, tal como foi mais largamente exemplificada na primeira parte deste capítulo, parece suceder à ingênua e infantil cifra da "adivinhação" presente no conto. Ou seja, o que a *menina adivinhou* um dia, a *adulta captou, intuiu, sentiu*, mais tarde. O que paira sobre ambas é um ar místico. A representação do místico na percepção infantil se dá pela cifra, não racional, da adivinhação. Na adulta, ganha outras nuances, trata-se não de adivinhar meramente, mas de sentir; mais do que isso, trata-se de um *saber* pertencente ao domínio do *sentir*. Acerca dessa dimensão consciente implicada no dado inconsciente da intuição, é oportuno retomar, aqui, uma explicação dada por Clarice na crônica "Sensibilidade inteligente":

As pessoas que falam de minha inteligência estão na verdade confundindo inteligência com o que chamarei agora de sensibilidade inteligente. Esta, sim, várias vezes tive ou tenho. [...] o que, suponho, eu uso quando escrevo, e nas minhas relações com amigos, é esse tipo de sensibilidade. Uso-a mesmo em ligeiros contatos com as pessoas, cuja atmosfera tantas vezes capto imediatamente. Suponho que esse tipo de sensibilidade, uma que não só se comove como por assim dizer pensa sem ser com a cabeça, suponho que seja um dom. (idem, 1999a, p.148)

Assim, se em "Os desastres de Sofia" a ingenuidade consiste na adivinhação ao mesmo tempo espelhada na incompreensão de um apelo – o apelo da escrita, o despontar da vocação –, a Aderência, tal como foi exemplificada mais amplamente, apresenta-se como uma versão amadurecida, compreendida, desse chamamento; nesse sentido, passível de ser dominada, trabalhada, encenada, por meio, por exemplo, do humor e da ironia, como se viu na crônica "Encarnação involuntária", dos quais se valem alguns narradores adultos, vividos – em que lhes pese a carga da experiência, das tantas vivências, conforme se detalhará mais adiante.

No mesmo conto, porém, a narradora faz uma declaração já complexa, compreendida, acerca do que lhe foram "fixação", "atração", "adivinhação": "A realidade era o meu destino, e era o que em mim doía nos outros", afiança (idem, 1999b, p.26). De fato, um dos efeitos de sentido da representação da memória, nesse conto, é o embaralhamento das palavras com as quais a narradora tece suas lembranças. Se nem sempre ela se lembra, conforme diz ao tentar recuperar trechos de sua composição, das "palavras de criança" com que tocou o professor, ela, fatalmente, está sujeita também a lembrá-las e utilizá-las. Melhor dizendo, o jogo de memória representado no conto imprime-lhe um correlato jogo vocabular: há um movimento de vaivém, um embaralhamento entre palavras e imagens simples e complexas, características do passado e do presente, da criança e da adulta, da aluna e da escritora. Movimento também inscrito nos espaços ziguezagueantes em que se dá a história: a sala de aula e o imenso parque do colégio.

Nesse ponto, faz-se também pertinente recuperar afirmações presentes na crônica "Escrever", de 2 de maio de 1970, uma vez que nela Clarice discorre sobre o tomar posse daquilo que se lhe impôs – o ofício da escrita:

A ADERÊNCIA   49

Quando conscientemente, aos 13 anos de idade, tomei posse da vontade de escrever – eu escrevia quando era criança, mas não tomara posse de um destino – quando tomei posse da vontade de escrever, vi-me de repente num vácuo. E nesse vácuo não havia quem pudesse me ajudar. Eu tinha que eu mesma me erguer de um nada, tinha eu mesma que me entender, eu mesma inventar por assim dizer a minha verdade. Comecei, e nem sequer era pelo começo. Os papéis se juntavam um ao outro – o sentido se contradizia, o desespero de não poder era um obstáculo a mais para realmente não poder. A história interminável que então comecei a escrever (com muita influência de *O lobo da estepe*, Hermann Hesse), que pena eu não a ter conservado: rasguei, desprezando todo um esforço quase sobre-humano de aprendizagem, de autoconhecimento. [...] Escrever sempre me foi difícil, embora tivesse partido do que se chama vocação. Vocação é diferente de talento. Pode-se ter vocação e não ter talento, isto é, pode-se ser chamado e não saber como ir. (idem, 1999a, p.286)

O conteúdo desse trecho parece aplainar as proposições mencionadas, uma vez que Clarice – com história também relatada em entrevistas – parelha à infância a chegada da vocação, do "ser chamado a", o que, tão precocemente, dá-se com o susto, com o espanto de saber-se sozinho ante o cumprimento de um destino.

Em tempo, a outra maneira como surge a Aderência, cifradamente mais próxima de uma aparição sua em *A paixão segundo G.H.*, está no final do conto, quando a mencionada mistura de palavras e imagens também se faz notar. Trata-se do diálogo, intertextual, com a história "Chapeuzinho Vermelho" anunciando, definitivamente, o desabrochar da escrita, da escritora:

Como uma virgem anunciada, sim. Por ele me ter permitido que eu o fizesse enfim sorrir, por isso ele me anunciara. Ele acabava de me transformar em mais do que o rei da Criação: fizera de mim a mulher do rei da Criação. Pois logo a mim, tão cheia de garras e sonhos, coubera arrancar de seu coração a flecha farpada. De chofre explicava-se para que eu nascera com mão dura, e para que eu nascera sem nojo da dor. Para que te servem essas unhas longas? Para te arranhar de morte e para arrancar os teus espinhos mortais, responde o lobo do homem. Para que te serve essa cruel

50 CLARICE LISPECTOR E O CLÁSSICO CHINÊS I CHING

boca de fome? Para te morder e para soprar a fim de que eu não te doa demais, meu amor, já que tenho que te doer, eu sou o lobo inevitável pois a vida me foi dada. Para que te servem essas mãos que ardem e prendem? Para ficarmos de mãos dadas, pois preciso tanto, tanto, tanto – uivaram os lobos, e olharam intimidados as próprias garras antes de se aconchegarem um no outro para amar e dormir. (idem, 1999b, p.27)

Nesse trecho final, importa-nos destacar que as falas da história infantil são retomadas sob o verniz de metáforas complexas, estranhas ao enredo fabular. De que unhas, de que boca de fome, de que lobo inevitável, de que mãos que ardem e prendem estaria falando Sofia, quando dessa rememoração?

Se quem rememora é a Sofia escritora, mulher do rei da Criação, tais metáforas sobrevoam o afamado embate entre representação de uma realidade irredutível, íntima, essencial e linguagem. E as "mãos que ardem e prendem", de que se precisa "tanto, tanto tanto", parecem prenunciar a mão do "tu" imaginado por G.H., uma das condições de seu narrar, como se viu. Figuram, assim, a complexa imagem da Aderência, enquanto algo que é "a própria condição do narrar".

Em termos mais analíticos, parece pertinente propor que a narradora adulta compreende a escrita como um processo que põe a nu a dor do outro. A inevitabilidade anunciada por meio da afirmação "tenho que te doer" sugere a compreensão de um destino que é o de, através da palavra, descortinar o sofrimento do outro, a realidade que ele mesmo ignora. Des-velar é fazer viver. Assim, ao escritor ("lobo inevitável") foi dado o do dom da vida: "[...] *tenho que te doer, eu sou o lobo inevitável, pois a vida me foi dada*" (ibidem, grifo meu).

E se, no encalço desse jogo metafórico, é possível reconhecer que o lobo ("inevitável") é o escritor, consciente do destino que lhe veio por vocação, resta o questionamento acerca do plural que se segue ao diálogo, intertextual, entre narrador e personagem: "[...] uivaram os lobos, e olharam intimidados as próprias garras antes de se aconchegarem um no outro para amar e dormir" (ibidem). Em resposta, propõe-se, aqui, que os lobos, agora no plural, metaforizam narrador e personagem. O personagem é feito "lobo" pelo "lobo inevitável", assim, é no *pari passu* narrador e personagem que se dão a narrativa e sua narração. Em outras

A ADERÊNCIA 51

palavras, o tipo de narrador concebido e representado por Clarice necessita do outro para narrar. A história resulta da sensibilidade inteligente do narrador em aderência com a matéria sensível encarnada em um personagem. Em *A paixão segundo G.H.*, em que a narradora, autodiegética, condensa esses dois aspectos (sua sensibilidade e sua própria experiência), a Aderência atravessa o romance figurada na representação da necessidade de se segurar a mão de um tu imaginado e, sobretudo, principia-se não na representação do embate primeiramente travado com o outro (pelo qual passam, no começo de seus relatos, Rodrigo SM com Macabéa, grudada em sua pele, e Sofia, irresistivelmente atraída pelo professor), mas naquela luta diretamente travada com a linguagem. A dificuldade que se impõe é fazer o conteúdo aderir à forma, cuja solução, segundo se salientou, ganha representação na submissão à forma, figuração correlata a uma imagem de Aderência, metáfora norteadora desta abordagem: permitir que a nebulosa de fogo se esfrie em terra, sozinha.

Em tempo, e com ressalvas, a figura do narrador, deve-se reforçar, pode também se mostrar cansada diante desse seu pesado ofício, que é não só encetar a escrita, mas também sentir a vida do outro. Enquanto, por exemplo, na crônica "Ao correr da máquina" lê-se a queixa "Eu vivo na delas mas não tenho mais força. Vou viver um pouco na minha. Vou me impermeabilizar um pouco mais" (idem, 1999a, p.340), em algumas narrativas lê-se a representação de um narrador efetivamente cansado, calcado em evasivas e ironias. Economias narrativas que resultam irônicas é o que se pode abundantemente ler, por exemplo, no conto "Antes da Ponte Rio-Niterói".

A Aderência em "Antes da Ponte Rio-Niterói"

O breve conto "Antes da Ponte Rio-Niterói", publicado, em 1974, em *A via crucis do corpo* (e também presente, em versões ligeiramente modificadas, a começar pelos títulos, em *Onde estivestes de noite* e em *A descoberta do mundo*), trata de uma história em tudo diversa à que compõe "Os desastres de Sofia". Seu enredo é superficialmente composto por adultérios, violências e indiferenças. Jandira, uma jovem de 17 anos, noiva de Bastos, contrai gangrena, tem a perna amputada e morre em três meses. Bastos, a despeito dos pedidos da família, desmancha o noivado assim que se dá a doença. Quando Jandira morre, o rapaz já morava com outra mulher, Leontina, que, um dia, em fúria de ciúmes, despeja água fervendo em seu ouvido. Depois de pouco mais de um ano na prisão, por conta do ocorrido, volta a viver com ele, "mirrado e, é claro, surdo para sempre, logo ele que não perdoara defeito físico" (idem, 1998b, p.58). Paralelamente, é-nos narrado, também, que o pai de Jandira era amante da esposa do médico que, com devoção, cuidou da jovem. Tanto o médico quanto a mãe de Jandira sabiam do caso.

Embora o conto, que também se reporta a episódio ocorrido há muitos anos, nada tenha daquela atmosfera inaugural de "Os desastres de Sofia", seu narrador, assim como Sofia, sabe-se destinado à escrita, igualmente anunciada com os veios da intuição, da adivinhação. Acontece, porém, que ele se mostra cansado e enjoado da história que registra, atuando, assim, de modo confuso, evasivo, irônico, displicente. Com efeito, a história principia-se e fecha-se com marcas de oralidade (recurso recorrente ao longo de toda a narrativa) que bem emolduram os termos de sua narração, mais dada a rapidamente registrar os fatos do que a adentrar seus meandros por meio da intuição, da captação, da adivinhação:

> Pois é.
> Cujo pai era amante, com seu alfinete de gravata, amante da mulher do médico que tratava da filha, quer dizer da filha do amante e todos sabiam, e a mulher do médico pendurava uma toalha branca na janela significando que o amante podia entrar. Ou era toalha de cor e ele não entrava.
> Mas estou me confundindo toda ou é o caso que é tão enrolado que se eu puder vou desenrolar. As realidades dele são inventadas. Peço desculpa porque além de contar os fatos também adivinho e o que adivinho aqui escrevo, escrivã que sou por fatalidade. Eu adivinho a realidade. (ibidem, p.57)
> [...]
> O que fazer dessa história que se passou quando a Ponte Rio-Niterói não passava de um sonho? Também não sei, dou-a de presente a quem quiser, pois estou enjoada dela. Demais até. Às vezes me dá enjoo de gente. Depois passa e fico de novo toda curiosa e atenta.
> E é só. (ibidem, p.60)

A ADERÊNCIA 53

Nesses termos em que se apresenta, a narradora-escrivã adivinha não o mais íntimo, mas o mais externo, e pouco se dá em querer explicá-lo. É assim que, em meio à descrição do pai de Jandira, lemos:

> Negociante abastado, como se diz, pois as gentes respeitam e cumprimentam largamente os ricos, os vitoriosos, não é mesmo? Ele, o pai da moça, vestido com terno verde e camisa cor-de-rosa de listrinhas. Como é que sei? Ora, simplesmente sabendo, como a gente faz com a adivinhação imaginadora. Eu sei, e pronto. Não posso esquecer um detalhe. É o seguinte: o amante tinha na frente um dentinho de ouro, por puro luxo. E cheirava a alho. Toda a sua aura era alho puro, e a amante nem ligava, queria era ter amante, com ou sem cheiro de comida. Como é que eu sei? Sabendo. (ibidem, p.59)

Assim, do modo como narrativa e narração se colocam, a escrivã por fatalidade, que adivinha fatos, o faz ironicamente em nível exterior apenas, ao pousar sua imaginação sobre detalhes externos, verossímeis em face do tipo de personagem de que está tratando, mas em cuja interioridade ela não adentra. É como se divisássemos aí um processo inverso àquele que se dá em "Os desastres de Sofia". Características externas do professor, como os ombros contraídos e o posicionamento dos óculos, instigavam-na em direção aos seus ermos. Aqui, o que se adivinha acerca do pai de Jandira, por enjoo ou cansaço, não ultrapassa o que há de mais externo: o cheiro de alho, o dentinho de ouro à frente, o terno listrado.

A Aderência em *A hora da estrela*

A novela *A hora da estrela*, publicada no ano da morte da escritora, 1977, tem dois personagens centrais: Rodrigo SM, escritor-autor-narrador, e Macabéa, sua matéria narrativa. A novela, que além de seu título apresenta-se com outros treze possíveis, principia-se com uma "Dedicatória do autor" seguida, assim entre parênteses, por "(Na verdade Clarice Lispector)".

No início da narrativa, que de modo similar à metalinguagem do introito de *A paixão segundo G.H.* traz as dificuldades em se iniciar a narração, a Aderência surge através da seguinte imagem explicativa de um início:

> Como é que sei tudo o que vai se seguir e que ainda desconheço, já que nunca o vivi? É que numa rua do Rio de Janeiro peguei no ar de relance o sentimento de perdição no rosto de uma moça nordestina. (idem, 2006, p.11)

E o narrador – inicialmente na linha da narração de "A Ponte Rio--Niterói" – mostra-se cansado diante de sua matéria, em ter de cumprir o que se lhe apresenta, o que se lhe grudou:

> Pareço conhecer nos menores detalhes essa nordestina, pois se vivo com ela. E como muito adivinhei a seu respeito, ela se me grudou na pele qual melado pegajoso ou lama negra. [...] Pois a datilógrafa não quer sair dos meus ombros. Logo eu que constato que a pobreza é feia e promíscua. Por isso não sei se minha história vai ser – ser o quê? Não sei de nada, ainda não me animei a escrevê-la. (ibidem, p.23)

A questão que se alonga com o romance, porém, ou que prolonga o próprio romance, é que o narrador, a despeito de seu desânimo, mostra--se imbuído da vontade de descortinar uma vida melhor em (ou para) Macabéa.

> O que escrevo é mais do que invenção, é minha obrigação contar sobre essa moça entre milhares delas. E dever meu, nem que seja de pouca arte, o de revelar-lhe a vida. (ibidem, p.13)

E, sentindo-se de alguma forma culpado pela parca vida da moça, tem por ela compaixão:

> Quanto à moça, ela vive num limbo pessoal sem alcançar o pior nem o melhor. Ela somente vive, inspirando e expirando, inspirando e expirando. Na verdade – para que mais que isso? O seu viver é ralo. Sim. Mas por que estou me sentindo culpado? E procurando aliviar-me do peso de nada ter feito de concreto em benefício da moça. (ibidem, p.25)

A ADERÊNCIA

Eis a dimensão compassiva da novela, apontada por Nunes (1973) (conforme se detalhará mais adiante). Com efeito, para esse narrador, o drama não é a linguagem em si, como o é para G.H. Quando Rodrigo SM, em certa medida aliviado, observa: "Ainda bem que o que eu vou escrever já deve estar na certa de algum modo inscrito em mim. Tenho é que me copiar com uma delicadeza de borboleta branca" (Lispector, 2006, p.21), vê-se que a sujeição à linguagem já é um dado. O drama, agora, é encontrar as palavras com as quais se consiga atingir a verdade de Macabéa. Enquanto nessa história a paixão da linguagem já está inscrita, o que se busca, à frente, pertence, enfim, ao terreno da cuidadosa compaixão: "Tenho então que falar simples para captar a sua delicada e vaga existência" (ibidem, p.14).

E para além das palavras a serem adequadamente buscadas, há de se adequar inteiramente ao objeto da escrita – a nordestina –, o que se dá, fundamentalmente, por meio de gestos e comportamentos.

Para falar da moça tenho que não fazer a barba durante dias e adquirir olheiras escuras para dormir pouco, só cochilar de pura exaustão, sou um trabalhador manual. Além de vestir-me com roupa velha rasgada. Tudo isso para me pôr no nível da nordestina. [...] Para desenhar a moça tenho que me domar e para captar sua alma tenho que me alimentar frugalmente de frutas e beber vinho branco gelado pois faz calor nesse cubículo onde me tranquei e de onde tenho a veleidade de querer ver o mundo. (ibidem, p.20, 24)

Assim, no início de A hora da estrela, a Aderência é representada como algo já ocorrido por via da sensibilidade – trata-se de haver pegado o ar da nordestina – e, simultaneamente, como algo a se buscar para que a narração efetivamente ocorra; e essa busca se dá por meio da palavra e do corpo, a serem maximamente igualados, ou aderidos, à Macabéa. Nessa direção, o narrador postula: "A ação dessa história terá como resultado minha transfiguração em outrem e minha materialização enfim em objeto" (ibidem, p.21).

Em tempo, Benedito Nunes (1995), Olga de Sá (1979) e Carlos Mendes Sousa (2013) identificaram, pertinentemente, a presença da adesão ou da apropriação ou da reificação em personagens de Clarice como resultantes da intensa busca expressiva que desemboca no silêncio, na não palavra, na adesão mesma ao ser, às coisas, à própria escrita. Essa abordagem, por sua vez, procura reunir (distinguindo nuances de sentidos) um conjunto amplo de Aderências, com vistas a atrelá-las ao *I Ching*, presentes na operação de variadas metáforas ou representações que resultam em narração, ou que pressupõem narração em ato, ou que são a própria condição do dizer narrativo.

Como se viu, são exemplos das figurações erigidas pelo expediente da aderência o grude da nebulosa de fogo em terra, a mão de que se necessita prender ou segurar, as colagens entre narrador e personagem, processadas por meio de intuição ou adivinhação, com gravidade ou gracejo ou até mesmo com alguma zombaria.

Assim, a partir dos exemplos arrolados, além de prática da qual declaradamente se vale a própria autora, parece lícito enfeixar, por ora, que a Aderência compõe tanto a representação de um tipo de narrador dotado de sensibilidade inteligente, de intuição, de clareza, que narra impelido pela compreensão instaurada, buscada, ou, ainda, pela compaixão, quanto de um tipo de narrador cansado diante desses seus atributos, conduzindo-os, assim, com humor ou ironia. No que tange à posição do narrador, ela, a Aderência, se aproxima do monocentrismo da narrativa identificado por Nunes (1973), cuja análise encetada pelo crítico, por sua vez, orientou-se inicialmente não pelos elementos narrativos que para tal núcleo convergem (como aqui se privilegiou), mas pelos efeitos desse modo de narrar no âmbito do discurso (que resulta oscilante) e da ação romanesca, tomada por evasivas e restrições. Não obstante, conforme se verá ao fim e ao cabo, Nunes (2009a), em ensaio de 1978, retoma o conceito de narrativa monocêntrica ao tratar de *A hora da estrela*, e o faz expandindo seu significado, potencializando-o.

CAPÍTULO 2

O Aderir e a Aderência

> Na Europa, quando se fala do elemento fogo, pensa-se ou, pelo menos, pensava-se frequentemente numa substância: há um elemento ar, um elemento fogo, um elemento água e um elemento terra. […] Na China, o fogo não é compreendido nesse sentido, como matéria, porém como um processo baseado na conjunção de outros ingredientes: é preciso que haja madeira para que surja a chama. Daí o conceito de aderência a algo significar também repousar sobre alguma matéria, alcançando assim a luz e a clareza.
>
> (Richard Wilhelm, *A sabedoria do I Ching*, sobre o trigrama Li, o Aderir)

O caminho percorrido no capítulo anterior, movimentação entre ensaios críticos de Benedito Nunes (1995, 2009a, 2009b, 2009c) e vários excertos ou narrativas completas de Lispector (1996, 1998b, 1999a, 1999b, 2005, 2006), essencialmente *organiza*, acredita-se, um conceito – o de Aderência – (ao qual *espalhadamente* já aludiram outros estudiosos, como o próprio Nunes) que se aplica a uma operação significativamente presente no processo criativo de Clarice.

O conjunto, tal qual organizado, reunido, evidencia uma constante no modo como a escritora lidou com a representação de realidades, fazendo-nos assimilar que a narrativa vem à luz se e quando aderidos estão forma e conteúdo, narrador e personagem(ns).

Não é gratuita a escolha da expressão "vir à luz", uma vez que os próximos passos da movimentação aqui empreendida são em direção à concepção chinesa de arte expressa no *I Ching*, e tributária do modo como os chineses, segundo o sinólogo Richard Wilhelm (1995), compreendem o elemento fogo.

Visto como o resultado de um processo que necessariamente conjuga outros ingredientes, que consiste na aderência entre eles, (a imagem do) fogo é um dos atributos do trigrama Li, a Claridade ou o Aderir. Nesse sentido, a conceituação milenar em torno do Aderir tanto robustece a Aderência quanto abre frestas para novas proposições ou sobreposições de sentido a importantes escritos de Clarice.

Figura 2.1 – Os 64 hexagramas do *I Ching*, distribuídos, ao centro, de acordo com todas as combinações possíveis oriundas de seus oito trigramas. Em círculo, a referência aos mesmos hexagramas em sua condição constitutiva: o movimento

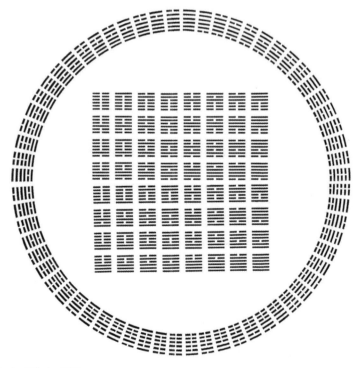

Fonte: Wilhelm, 2006

O ADERIR E A ADERÊNCIA   59

Em tempo, Li é um dos oito trigramas edificadores (dadas todas as combinações possíveis entre eles) dos 64 hexagramas que compõem o *Livro das mutações*.

Com criação atribuída ao imperador Fu Hsi (que teria vivido por volta de 2800 a.c.), o *I Ching* foi originalmente composto por 64 estruturas lineares (Figura 2.1), cada uma delas constituída por seis linhas, correspondentes às imagens do que seriam todos os fenômenos que se sucedem na natureza, em constante mutação; cada trigrama da combinatória corresponde, inicialmente, a um aspecto dela: Céu, Trovão, Água, Montanha, Terra, Vento, Fogo e Lago (Figura 2.3).

Os 64 hexagramas

De etimologia complexa, o ideograma *"I"*, primeiro título da obra, significa, a um só tempo, "mutação e não mutação", o que consiste nas tendências opostas e complementares (como atividade e repouso; movimento e inércia) sempre percorridas por aquilo que, no entanto, nunca se repete: "Nunca as mesmas flores, mas sempre a primavera. Os fenômenos são incontáveis e distintos uns dos outros, porém regidos, em suas tendências de mudança, pelos mesmos e constantes princípios" (Wilhelm, 2006, p.xii). Nessa época, o livro não possuía qualquer texto; sua leitura era aquela que se extraía diretamente dos desenhos de linhas.

Em fases tardias, os *"kua"* passaram a ser acompanhados por textos; assim, o que era denominado *"I"* passou a ser designado *"Chou I"* quando da dinastia Chou (1027 a.C.-400 a.C.). Antes, no final da tirânica dinastia Shang, Wen Wang (conhecido como rei Wen), preso em virtude de suas duras críticas ao sistema vigente, lançou-se à tarefa de explicar o antigo *"I"* através de textos que esclarecessem a natureza geral do hexagrama. Tais textos ficaram conhecidos como "Julgamentos". Após sua libertação e o fim da dinastia, seu filho, conhecido como duque de Chou e fundador da dinastia Chou, deu continuidade a esse trabalho, incorporando textos explicativos sobre cada uma das seis linhas que compõem a imagem hexagramática. Esse mesmo conjunto, formado por Hexagrama, Julgamento e Linhas, compõe a atual estrutura do livro. Acrescente-se,

60 CLARICE LISPECTOR E O CLÁSSICO CHINÊS I *CHING*

ainda, que cada hexagrama surge também identificado pelos ideogramas que lhe são correspondentes.

Em época posterior, Confúcio (551-479 a.c.), que nutriu profundo interesse pelo estudo do *Chou I*, concedeu-lhe um lugar de destaque entre seus Cinco Clássicos. A ele, o filósofo acrescentou a "Imagem" – designação dada aos textos que ilustram os significados dos hexagramas –, bem como comentários que acompanham cada texto sobre o sentido de cada uma de suas linhas. Existem ainda outros textos atribuídos ao sábio chinês, aqueles que compõem as chamadas "Dez Asas", que apresentam comentários mais adensados sobre o livro; pesquisadores, porém, divergem quanto à veracidade dessa autoria, atribuindo-a a discípulos confucianos de épocas posteriores. Por volta do século II a.C., deu-se o nome de *I Ching: o livro (ou clássico) das mutações* ao conjunto dos antigos textos do *Chou I*, acrescidos dos textos das imagens e dos comentários escritos por Confúcio, por ter sido incluído pelo filósofo na sua edição de antigos textos chineses conhecidos como Clássicos.

O confucionismo e o taoismo, duas grandes vertentes da filosofia chinesa, foram fortemente influenciados por esse livro. Segundo afirma Wilhelm (ibidem), muitas passagens dos escritos de Confúcio e de Lao Tse podem ser mais bem compreendidas com a leitura do *I Ching*. Essa obra, nas palavras do sinólogo,

> Lança uma nova luz em muitos segredos ocultos no modo de pensar tantas vezes enigmático desse sábio misterioso, Lao Tse e seus discípulos. O mesmo ocorre em relação a muitas ideias que surgem na tradição confucionista como axiomas aceitos sem serem devidamente examinados. (ibidem, p.3)

Sendo os movimentos de mutação que se sucedem na natureza o conceito fundamental e fundante desse clássico – de alcance não apenas filosófico, mas também popular –, Wilhelm (ibidem) observa que a exata percepção do significado de mutação permite fixar a atenção não mais sobre aspectos transitórios e individuais, mas sim sobre uma lei, imutável e eterna, que atua na mutação. É essa, completa o sinólogo, a lei do Tao, de Lao Tse: "o curso das coisas, o princípio Uno no interior do múltiplo" (ibidem, p.9). Em *Os analectos*, lembra Wilhelm, Confúcio já exprime

O ADERIR E A ADERÊNCIA   61

essa ideia de mutação ao afirmar que "Tudo segue fluindo, como esse rio, sem cessar, dia e noite" (ibidem, p.8). O sinólogo argumenta ainda que os oito trigramas basilares do livro (conforme se mostrará e explicará no item seguinte) focalizam não imagens em si, mas estados de mutação, e assim associam-se ao conceito expresso tanto nos ensinamentos de Confúcio quanto nos de Lao Tse de que os acontecimentos do mundo visível são a reprodução de uma ideia relativa a um mundo invisível, ou seja, de uma imagem preexistente e arquetípica, que escapa às nossas percepções sensoriais, e que os homens santos e sábios acessariam através de uma intuição direta.

Os oito trigramas não são tanto imagens de objetos mas de estados de mutação. Essa concepção está associada ao conceito expresso nos ensinamentos de Lao Tse e Confúcio de que todo acontecimento no mundo visível é efeito de uma "imagem", isto é, de uma ideia num mundo invisível. Desse modo, tudo o que ocorre na terra é apenas uma reprodução, por assim dizer, de um acontecimento situado num mundo além de nossas percepções sensoriais; quanto à sua ocorrência no tempo, é sempre posterior ao evento suprassensível. Os homens santos e sábios, estando em contato com aquelas esferas mais elevadas, têm acesso a essas ideias através de uma intuição direta, e, assim, podem intervir de maneira decisiva nos acontecimentos no mundo. Desse modo, o homem está ligado ao céu, o mundo suprassensível das ideias, e à terra, o mundo material das coisas visíveis, formando com eles a tríade dos poderes primordiais. (ibidem, p.10)

Nos comentários sentenciosos à obra, relativos às "Dez Asas", pode-se ler essa ideia, confuciana e taoista, que alude à condição transcendente das formas constitutivas do mundo visível:

4 – Por isso: o que se encontra acima da forma chama-se Tao; o que se encontra no interior da forma chama-se coisa. (ibidem, p.247)

A essa sentença, Wilhelm acrescenta a seguinte explanação:

O Tao aqui significa uma enteléquia que a tudo abrange. Está além do universo espacial, mas atua sobre o que é visível – através de imagens,

62 CLARICE LISPECTOR E O CLÁSSICO CHINÊS I CHING

de ideias que lhe são inerentes, como se pode ver com maior precisão em outras passagens –, e as coisas então vêm a ser. A coisa é espacial, isto é, define-se por seus limites corpóreos. Mas não pode ser compreendida sem o conhecimento do Tao, que lhe serve de base. (ibidem)

Wilhelm aponta, ainda, que além de haver assentado bases da filosofia chinesa, o *I Ching* ostentou amplo prestígio e influência na arte, na política e também no cotidiano da China, lembrando que a obra foi o único clássico editado por Confúcio a escapar da grande queima de livros ocorrida no período de Ch'in' Shih Huang. "Tudo o que existiu de grandioso e significativo nos 3 mil anos de história cultural da China ou inspirou-se nesse livro ou exerceu alguma influência na exegese de seu texto", afiança o sinólogo (ibidem, p.3).

As tantas singularidades e qualidades do livro, estendidas por séculos, constituíram o argumento para que o escritor argentino Jorge Luis Borges revisse seu conceito acerca dos Clássicos:

Lembro-me de que Xul Solar costumava reconstruir esse texto com palitos ou fósforos. Para os estrangeiros, o *Livro das mutações* corre o risco de parecer uma simples *chinoiserie*; mas ele foi devotamente lido e relido por gerações milenares de homens cultíssimos, que continuarão a lê-lo. Confúcio declarou a seus discípulos que, se o destino lhe concedesse mais cem anos de vida, ele consagraria a metade ao estudo do livro e seus comentários, ou asas. Escolhi, deliberadamente, um exemplo extremo, uma leitura que exige um ato de fé. Chego, agora, à minha tese. Clássico é aquele livro que uma nação ou um grupo de nações ou o longo tempo decidiram ler como se em suas páginas tudo fosse deliberado, fatal, profundo como o cosmos e capaz de interpretações sem fim. (Borges, 2007, p.220-221)

Ao texto argumentativo de Borges, convém acrescentar dois poemas de sua autoria em cujos versos surge o *I Ching*. Em "O guardião dos livros", escrito à época em que o escritor argentino já se encontrava acometido pela cegueira, lê-se a devoção que o autor rendeu aos livros ao longo de toda a sua vida. Nesse poema, o clássico chinês é referenciado logo no terceiro verso, que efetivamente condensa aquilo que originalmente fora o livro: apenas 64 imagens, 64 hexagramas.

O ADERIR E A ADERÊNCIA

Aí estão os jardins, os templos e a justificação dos templos,
A exata música e as exatas palavras,
Os sessenta e quatro hexagramas,
Os ritos que são a única sabedoria
Que outorga o Firmamento aos homens,
O decoro daquele imperador
Cuja serenidade foi refletida pelo mundo, seu espelho,
De sorte que os campos davam seus frutos
E as torrentes respeitavam suas margens,
O unicórnio ferido que regressa para marcar o fim,
As secretas leis eternas,
O concerto do orbe;
Essas coisas ou sua memória estão nos livros
Que custodio na torre.

Os tártaros vieram do Norte
em crinados potros pequenos;
Aniquilaram os exércitos
Que o Filho do Céu mandou para castigar sua impiedade,
Ergueram pirâmides de fogo e cortaram gargantas,
Mataram o perverso e o justo,
Mataram o escravo acorrentado que vigia a porta,
Usaram e esqueceram as mulheres
E seguiram para o Sul,
Inocentes como animais de presa,
Cruéis como facas.

Na aurora dúbia
O pai de meu pai salvou os livros.
Aqui estão na torre onde jazo,
Recordando os dias que foram de outros,
Os alheios e antigos.

Em meus olhos não há dias. As prateleiras
Estão muito altas e não as alcançam meus anos.
Léguas de pó e sonho cercam a torre.

Por que enganar-me?
A verdade é que nunca soube ler,
Mas me consolo pensando
Que o imaginado e o passado já são o mesmo
Para um homem que foi
E que contempla o que foi a cidade
E agora volta a ser o deserto.
Que me impede sonhar que alguma vez
Decifrei a sabedoria
E desenhei com aplicada mão os símbolos?
Meu nome é Hsiang. Sou o que custodia os livros,
Que talvez sejam os últimos,
Porque nada sabemos do Império
E do Filho do Céu.
Aí estão nas altas estantes,
A um tempo próximos e distantes;
Secretos e visíveis como os astros.
Aí estão os jardins, os templos.
(idem, 1970, p.33)

Já em "Para una versión del *I King*", lemos, conforme sinaliza o próprio título, uma síntese poemática do Clássico.

El porvenir es tan irrevocable
como el rígido ayer. No hay una cosa
que no sea una letra silenciosa
de la eterna escritura indescifrable
cuyo libro es el tiempo. Quien se aleja
de su casa ya ha vuelto. Nuestra vida
es la senda futura y recorrida.
Nada nos dice adiós. Nada nos deja.
No te rindas. La ergástula es oscura,
la firme trama es de incesante hierro,
pero en algún de tu encierro
puede haber un descuido, una hendidura,
el camino es fatal como la flecha

O ADERIR E A ADERÊNCIA

pero em las grietas está Dios, que acecha.
(idem, 1989, p.153)

O poeta mexicano Octavio Paz também foi entusiasta do *Livro das mutações*. Em entrevista concedida ao professor coreano Joung Kwon Tae, publicada com o título "*I Ching y creación artística*", em 1996, Paz aponta as dimensões ética, estética, filosófica, intuitiva e criadora do texto chinês. Logo de início explica as razões de seu fascínio pelo livro, na direção das conceituações apresentadas anteriormente:

> Esse livro me fascinou porque associa de uma maneira ao mesmo tempo coerente e poética as mudanças da natureza e, com elas, as dos homens. Destaco: os homens não individualmente, mas em relação com os outros homens, ou seja, em sociedade. [...] é [o *I Ching*] a teoria da correspondência universal mas em movimento. O *I Ching* se funda em uma filosofia natural: o ciclo das mutações experenciado pelo mundo e pelos homens. (Paz; Tae, 1996, p.54, tradução nossa)

Logo adiante, reforçando a premissa que sustenta seu encantamento pela obra, Paz atribui-lhe, também, uma dimensão estética:

> Foi isso que me seduziu: vi no *I Ching* uma imagem do movimento de rotação da natureza. Da mesma forma, pareceu-me que não era apenas um guia ético, mas, implicitamente, um tratado de estética e até de uma economia erótica que mostrava as diferentes uniões e separações dos polos: luz e sombra, masculino e feminino, cheio e vazio... em suma, o *yin* e o *yang*. (ibidem, tradução nossa)

Quando indagado a respeito dos escritores que teriam recebido influência das imagens fundamentais do *Livro das mutações*, Paz lembra-se do músico John Cage e, por fim, afirma ter se valido pessoalmente do texto, cuja leitura o impressionou:

> Ele teve muita influência na literatura chinesa, na coreana e na japonesa. No Ocidente, após as primeiras traduções, despertou o interesse, sobretudo, dos orientalistas e dos filósofos. No século XX, essa influência

se espalhou e foi enorme, especialmente nos Estados Unidos. Um exemplo notável é o do músico John Cage. No final de sua vida, ele compôs muitas de suas canções usando exclusivamente o *I Ching*. Também fiquei impressionado com a leitura desse livro. Inclusive o consulto às vezes, diante de questões da minha vida íntima... (ibidem, p.56, tradução nossa)

Mais ao final da entrevista, Kwon, de maneira ampla, pergunta-lhe de que forma as imagens fundamentais do *I Ching* serviram à criação poética. Paz, valendo-se de sua própria experiência, afirma terem-lhe servido de modo intuitivo e prático:

> Elas me serviram de forma intuitiva e prática. Por exemplo, escrevi um poema sobre meu amigo John Cage usando o *I Ching*: lançava as moedas, o que me levava a um signo; então abria um livro de John (*Silence*) e, guiado pelo hexagrama, escolhia uma ou duas linhas dele. No final, a consciência crítica: o fragmento copiado era uma espécie de lance do acaso e imediatamente eu escrevia, em forma de estrofe, mais duas ou três frases. Colaboração entre a casualidade e a vontade criadora. Controle do acaso, mas também perturbação do cálculo. O resultado – além de toda apreciação estética – foi surpreendente. (ibidem, p.57, tradução nossa)

Depois, lembra-se, ainda, de tê-lo usado para a escrita de um prólogo; ao final de sua resposta, dá destaque à sua dimensão criadora e filosófica.

Também o utilizei, embora de forma mais explícita, no prólogo da antologia *Poesia en movimiento*. Naquela ocasião, não houve operação com moedas ou discos [...] mas usei a visão geral do *I Ching* para descrever a situação da poesia jovem naqueles anos (1966). Era uma realidade em movimento e não era fácil prever a sua evolução futura. Os autores da antologia (Chumacero, Pacheco, Aridjis e eu) havíamos escolhido quatorze poetas. Eu os via como uma realidade em rotação, pares de oposições e conjunções (yin e yang). Era um jogo, mas um jogo que me permitia perceber os elementos constitutivos da jovem poesia mexicana daqueles anos. Dito tudo isso, devo acrescentar: o *Livro das mutações* só deve ser usado em certos casos excepcionais. É um jogo potente, criador, e um jogo filosófico. Não é, a rigor, uma teoria: é uma

O ADERIR E A ADERÊNCIA   67

visão da ordem universal que estimula nossa imaginação, desde que
não seja utilizado mecanicamente. (ibidem, tradução nossa)

A Borges (1970, 1989, 2007) e a Paz (1996), podemos ainda acrescentar alguns outros escritores que, explicitamente, em maior ou menor
grau, trazem o *I Ching* em suas produções.

Em uma das histórias que integram a narrativa de Ricardo Piglia intitulada *Prisão perpétua*, "havia uma mulher" – assim principia o narrador –
"que não fazia nada sem consultar o *I Ching*" (Piglia, 1989, p.29); J.
Matozo, o protagonista do romance a *Suavidade do vento*, de Cristóvão
Tezza (2003), é também leitor assíduo do *Livro das mutações*; o título do
romance é referência direta a um de seus trigramas: Sun, a Suavidade.

Paulo Leminski (1996), em *O ex-estranho*, escreve um poema intitulado "Hexagrama 65", no qual inscreve uma continuidade para os 64
hexagramas do *Clássico das mutações*.

O *I Ching* também figura nas páginas do livro que reúne novas conferências e escritos de John Cage (2013), *De segunda a um ano*; em um
deles, o músico recorda a ocasião em que escreveu uma carta a Miró, por
meio da qual pedia a doação de uma pintura para a Fundação de Dança
Cunningham. Sobre sua escrita, diz ter decidido tomar o cuidado de evitar falar do que os outros sempre falavam, a relação do pintor com a terra,
e ter recorrido a operações do *I Ching* para escrevê-la, determinando,
com elas, as proposições da missiva (ibidem, p.85). Foi também a partir
de interpretações extraídas de consultas ao *I Ching* que Cage, inclusive,
compôs uma peça para piano solo, no início da década de 1950. No Prefácio, "CAGE: CHANCE: CHANGE", Augusto de Campos (2013)
referencia as inovações musicais de Cage:

> [...]
> mediante operações de acaso
> a partir do i *ching* (livro das mutações)
> compôs, em 1952, *music of changes* (música das mutações)
> com sons e silêncios distribuídos casualmente
> lançamentos de dados ou moedas
> imperfeições do papel manuscrito
> passaram a ser usados em suas composições

que vão da indeterminação
à música totalmente ocasional. música? [...].
(ibidem, p.xvii-xviii)

Augusto de Campos também compôs poemas nos quais figuram hexagramas pertencentes ao *Livro das mutações*. No mais recente deles, "humano" (Campos, 2014), o poeta, assim como o terceiro verso de "O guardião dos livros" (Borges, 1970), dialoga com a mais remota origem da obra, sua verdadeira essência. Ao dispor, na sequência que lhes é devida, unicamente os seus 64 hexagramas, ora com traços brancos em fundo preto, ora com traços pretos em fundo branco (um intercâmbio entre cores que se opõem e se complementam, de forma correlata às forças *yin* e *yang*), Augusto de Campos (2014) inscreve, surpreendentemente, uma palavra ocidental no cerne eloquente da não palavra oriental. Trata-se da vasta palavra "humano" (Figura 2.2).

Figura 2.2 – "humano", Augusto de Campos. Poema publicado na coletânea *Outro* (2015)

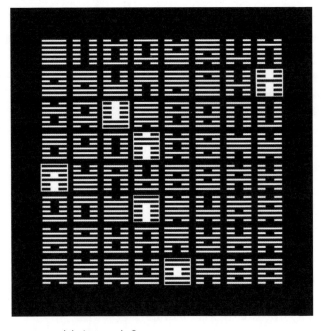

Fonte: acervo pessoal de Augusto de Campos

O trigrama Li, o Aderir

Enquanto os 64 hexagramas do *I Ching* são resultado do agrupamento mais complexo dos seus oito trigramas constitutivos, estes, por sua vez, originam-se da distribuição, em três posições, de duas forças elementares do universo, de polaridades complementares: *yin* (linha partida) e *yang* (linha contínua). Representativas, inicialmente, do Céu e da Terra, essas linhas tiveram suas possíveis combinações agrupadas em pares.

Sequencialmente, a essas combinações foi acrescida uma terceira linha (ou posição), representativa, agora, do homem (que se situa entre Céu e Terra); chegou-se, assim, aos oito trigramas formadores do livro, concebidos como imagens de tudo o que ocorre no céu e na terra, sempre em estados de transição.

Com efeito, os trigramas adquiriram significados múltiplos. Suas imagens, sugeridas pela disposição das três linhas *yin* e/ou *yang*, representam tanto processos da natureza quanto funções familiares, tendo adquirido as classificações reproduzidas na Figura 2.3.

Figura 2.3 – Os oito trigramas que compõem o *I Ching*

	Nome	Atributo	Imagem	Função Familiar
☰	Chi'ien, o Criativo	Forte	Céu	Pai
☷	K'un, o Receptivo	Abnegado maleável	Terra	Mãe
☳	Che-n, o Incitar	Provoca o movimento	Trovão	Filho mais velho Primeiro filho
☵	K'an, o Abismai	Perigoso	Água	Filho do meio Segundo filho
☶	Kên, a Quietudo	Repouso	Montanha	Filho mia moço Terceiro filho
☴	Sun, a Suavidade	Penetrante	Vento, madeira	Filha mais velha Primeira filha
☲	Li, o Aderir	Luminoso	Fogo	Filha do meio Segunda filha
☱	Tui, a Alegria	Jovial	Lago	Filha mais moça Terceira filha

No livro *A sabedoria do I Ching: mutação e permanência*, a complexidade dessas representações trigramáticas se mostra ainda mais adensada. Retomando leitura do texto "Dez Asas", o sinólogo alemão Richard Wilhelm (1995) apresenta e comenta os pormenores dessas representações, que se associam, ainda, às horas do dia, aos pontos cardeais e a decorrentes implicações psicológicas.

Cabendo três horas a cada um deles, os oito trigramas perfazem 24 horas, não unicamente representando um dia normal, mas simbolizando "o dia de uma vida" (ibidem, p.23) e, desse modo, "a essência do pensamento chinês", a saber: "a vida concebida como um dia, que se molda gradualmente, que encontra seu campo de ação, que precisa justificar-se, que colhe os seus frutos, para desembocar nessa Quietude misteriosa na qual passado e futuro se tocam" (ibidem). Nessa passagem descritiva, o sinólogo traz as respectivas associações trigramáticas, a saber: o nascer do sol, a retomada do movimento (Ch'en); o cumprimento das atividades do dia, as realizações (Sun); o auge da jornada e a interação entre os homens, permitindo a percepção das coisas (Li); a prestação recíproca de serviços na comunidade (K'un); o entardecer, quando a colheita do dia é levada para casa, quando a produtividade é reconhecida, com alegria (Tui); a chegada da noite, e de reflexões sobre as atividades desenvolvidas ao longo do dia (Ch'ien); a meia-noite, quando se dá o sono e apenas a receptividade, inconsciente, estimulada pelas vivências diurnas (K'an); o surgimento da aurora, quando se dá a renovação do dia e da vida (K'en).

Essas etapas espaçotemporais, com suas implicações psicológicas, Wilhelm as apresenta, então, segundo o quadro reproduzido na Figura 2.4, reforçando que cada uma das oito fases tem duração de três horas, com ponto culminante no meio desse intervalo. O primeiro estágio, exemplifica o autor, dura das 4h30 às 7h30 horas, e tem seu ponto culminante às 6 horas, que pode ser considerado o momento ideal para o nascimento do sol. Além disso, adverte, "essas considerações exigem que nos posicionemos no centro do círculo, de frente para o Sul; então compreenderemos claramente as implicações psicológicas do movimento que se realiza da esquerda para direita" (ibidem, p.16).

De posse dessas premissas, então, é que se deve considerar o trigrama Li, que tem como imagem o fogo ou o sol, que tem como atributo

O ADERIR E A ADERÊNCIA   71

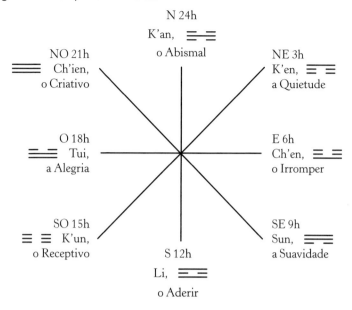

Figura 2.4 – "Sequência Primordial"

a luminosidade, sendo designado como o Aderir ou a Claridade. A sua relação com o conceito chinês de arte, que este livro pretende destacar (em diálogo com a Aderência em Clarice), compõe-se, justamente, pela imagem do fogo e, extensivamente, por seus aspectos temporal, espacial e psicológico, que naturalmente se relacionam com a imagem natural primordial, simbolizando-a em seus respectivos campos. Assim, como se verificará logo adiante, em relação ao espaço e ao tempo, trata-se da posição do sol quando do seu auge; em relação aos comportamentos, trata-se da percepção que o homem tem dos objetos e dos outros homens, trata-se da interação, da observação, da compreensão, da intuição. Acerca, antes, do detalhamento de sua imagem, Wilhelm observa:

> O trigrama Li tem uma configuração muito curiosa. Aqui as duas linhas fortes são externas, e a linha escura e flexível é interna. Trata-se da chama, daquilo que adere. Pois a chama não é algo que aparece independentemente, mas que necessita da presença de um combustível, para só então surgir. Esses exemplos nos permitem inferir quão dinamicamente esses processos são compreendidos no pensamento chinês. Na Europa,

quando se fala do elemento fogo, pensa-se ou, pelo menos, pensava-se frequentemente numa substância: há um elemento ar, um elemento fogo, um elemento água e um elemento terra. Pelo menos essa era a concepção que prevalecia nos amplos círculos europeus. Na China, o fogo não é compreendido nesse sentido, como matéria, porém como um processo baseado na conjunção de outros ingredientes: é preciso que haja madeira para que surja a chama. Daí o conceito de aderência a algo significar também repousar sobre alguma matéria, alcançando assim a luz e a clareza. (ibidem, p.13)

Em relação aos detalhamentos das etapas espaçotemporais, bem como de suas implicações psicológicas, Wilhelm destaca que Li, o Aderir, posiciona-se ao Sul e corresponde ao meio-dia, o que prefigura aspectos intuitivos e criativos, derivados de uma relação mútua entre homens, simbolizada por esse momento do dia, de intensas atividades, e pela própria prerrogativa do Aderir, uma vez que o fogo pressupõe a referida conjunção entre duas partes, o que representa a percepção, segundo seu atributo de luminosidade:

Chegamos ao meio-dia, momento em que a jornada alcança o seu auge. Temos aqui o trigrama Li, o Aderir, a claridade, da qual se diz: "O Aderir é a luz na qual as criaturas podem se perceber mutuamente". "A claridade é o símbolo do Sul. Os sábios voltavam o rosto para o Sul quando ouviam o significado das ocorrências humanas, e tudo se organizava através de sua clareza." Aqui, as coisas se relacionam mutuamente; aqui começa a atividade. Na verdade, esta é uma atividade peculiar, fundamentada na observação. Afinal, há diversas maneiras de lidar com as coisas e com os homens, há diversos modos de reconhecê-los. Um deles consiste em separar suas características, tirando conclusões, configurando julgamentos. É assim que se observa. Mas existe ainda uma outra maneira: a da contemplação, da intuição, que não consiste em lógica pura. A intuição não é antilógica, mas transcende a lógica. [...] A intuição não surgiu, por assim dizer, dos fios sutis do raciocínio dedutivo, porém tem um fundamento muito mais amplo. E os resultados só são efetivamente possíveis quando baseados nesse tipo de intuição. Pois os efeitos apenas são possíveis sempre que se capta o cerne interior de outra pessoa. Um

O ADERIR E A ADERÊNCIA

resultado externo – obtido mediante o terror – também é possível, porém trata-se sempre de mera influência passageira. Efeitos externos obtidos pela violência nunca podem resultar em consequências duradouras. O resultado final só é possível partindo-se da observação interior, da compreensão que procede do interior; e, precisamente por isso, pode agir com clareza sobre a interioridade do outro. Este é o princípio da criatividade cultural adotada por Confúcio no *Livro das mutações*, princípio que por certo se afirmará no decorrer da história, apesar de todas as contracorrentes passageiras. (ibidem, p.19)

Inevitável lembrar, aqui, a "sensibilidade inteligente" de Clarice, de seu processo criativo cuja direção é marcadamente de dentro para fora, da captação do cerne interior de Macabéa.

Nos textos das "Dez Asas", acerca dos sentidos assumidos pelos trigramas, com destaque, aqui, para o Li, ainda se lê:

O criativo é forte. O receptivo é maleável. O incitar significa movimento. A suavidade é penetrante. O abismal é perigoso. O aderir significa dependência. (idem, 2006, p.210)

O Aderir é o fogo, o sol, o raio, a filha do meio. Significa armaduras e elmos, lanças e armas. Entre os homens, refere-se aos que têm o ventre dilatado. É o signo do seco. Significa o jaboti, o caranguejo, o caracol, o molusco, a tartaruga. Entre as árvores refere-se às que secam na parte superior do tronco. (ibidem, p.214)

Conforme se irá esmiuçar e destacar, mesmo a complexa gama de sentidos do trigrama Li correlaciona-se a características da escrita de Clarice, enquanto parte constitutiva de um método anunciado e enquanto arranjos ficcionais por ela adotados. No primeiro caso, trata-se justamente da declarada "sensibilidade inteligente", percepção intuitiva, capaz de "captar o cerne interior de outra pessoa" (idem, 1995). No segundo, (a) da mesma intuição narrada como uma força que atua na relação entre narrador e sua matéria, entre narrador e personagem, ligando-os; (b) do *pathos* da escrita e, de modo mais pontual, (c) da anunciada dependência que G.H. anuncia ter de um tu imaginário que lhe segure a mão e que, com ela, atravesse a verdade que revive durante o período em que tenta narrá-la. Dependência, por sua vez, prenunciada no conto "Os desastres de Sofia". Entra aí, também, em um caso e em outro, a aderência intrínseca ao arranjo fundo-forma, forma e conteúdo.

Ou seja, propõe-se que os muitos e variados princípios e imagens de colagem aludidos e representados por Clarice Lispector, no que concerne tanto à escrita em ato ou, antes, em vias de desabrochar, quanto às relações entre narradores e personagens, podem ser lidos à luz do trigrama Li, também ele prenhe de sentidos variados. Sigamos por esse caminho.

De T'ai para P'i: a formação do conceito chinês de arte, a forma segundo G.H.

No capítulo "O espírito da arte segundo o livro das mutações", Richard Wilhelm (ibidem) apresenta o conceito chinês do processo de criação artística a partir das complexas representações oriundas da mutação do hexagrama de número 11, T'ai (a Paz), no hexagrama de número 22, P'i (a Graciosidade), bem como de cada um deles isoladamente. Li é um dos trigramas constitutivos do hexagrama P'i.

O hexagrama T'ai é formado pelos signos primordiais do *I Ching*, Céu (Chi'ien) e Terra (K'un), em posições exemplares. O primeiro embaixo, movendo-se naturalmente para cima, o segundo em cima, tendendo naturalmente para baixo. Esses signos opostos em fusão, em interpenetração, já são representativos do processo criativo. No fluxo das mutações, o hexagrama T'ai dá origem ao hexagrama P'i (Figura 2.5), que, nesta explanação do sinólogo Wilhelm, responde pelo aspecto formal da obra de arte, pelo seu corpo, sua incubação, quando se fecham as extremidades e abre-se o interior:

> T'ai mostra a fusão do Criativo com o Receptivo, e até mesmo no movimento de suas forças: o Criativo move-se com força para cima, o Receptivo se precipita para baixo, e os dois signos se interpenetram, ao se dirigirem um em direção ao outro. Assim também se dá o processo criativo no homem. Em cada ser humano criativo são esses dois elementos os que forjam uma obra de arte. É preciso que, por um lado, haja o elemento criativo, temporal, masculino e, por outro, o elemento feminino,

O ADERIR E A ADERÊNCIA   75

receptivo, espacial. Pois ambos são necessários para que a ideia se materialize com um sentido. E para que a obra de arte tome corpo, também é preciso uma incubação. [...] Este processo é representado pela mutação do hexagrama T'ai no hexagrama P'i. (ibidem, p.43)

Figura 2.5 – A mutação de T'ai para P'i

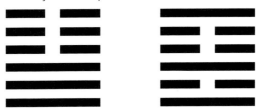

De acordo com essa perspectiva, então, o modo como se desenrola o processo de criação artística no homem – do seu início à sua conclusão, ou melhor, da ideia à sua forma, à sua modelação e cristalização – está simbolicamente representado pelos trigramas constitutivos dos hexagramas T'ai e P'i. De um lado, o movimento fusional entre os trigramas Céu e Terra; de outro (resultante do modo como se movem as linhas de T'ai), o fogo na base da montanha, ou seja, os trigramas Li (embaixo) e K'en (em cima), constitutivos de P'i. Wilhelm detalha esse processo e traz, como exemplo, o relato de uma artista acerca de como ela sentia seu próprio processo de criação.

A ascensão da linha central do trigrama inferior à posição culminante do hexagrama produz uma tensão; e essa tensão é o momento de criação da obra de arte. A partir desses dois signos – o Criativo e o Receptivo – desenrolaram-se dois novos signos: o trigrama inferior, Li – a chama, a claridade, o Aderir, e o trigrama superior, K'en – a montanha, a Quietude, o repouso. Fazendo uma comparação com a cabeça humana, Li seria os olhos. Cabe assinalar uma curiosa analogia que ocasionalmente também se pode detectar no Ocidente. Ao conversar há algum tempo com uma pintora, ela me contou como sentia o processo criativo, dizendo-me o seguinte: "Quando começo a dar forma a um quadro, primeiro me sinto um tanto inquieta. Sinto-me perpassada por certas forças; minha psique fica excitada e receptiva, mas trata-se ainda de um estado caótico. Então, de repente, se inicia um processo de cristalização, e uma imagem fica gravada entre meus olhos; posso então começar a pintar e sei que o quadro será um bom quadro". [...] Este testemunho comprova como o processo criativo descrito no antigo *Livro das mutações* coincide curiosamente com uma expansão artística havida ainda nos nossos dias na Europa. E se questionássemos os gênios artísticos dos salões, encontraríamos com frequência nos seus diários anotações de toda uma concentração passada entre as sobrancelhas. E tais ideias sempre resultam em momentos de atividades particularmente produtivas, pois são agitadas pela necessidade de modelar aquilo que já tomou corpo interiormente. (ibidem, p.44-45)

Valendo-se da complexa representação dos trigramas, tem-se que, no resultante hexagrama 22, a claridade ou luminosidade do trigrama Li interpôs-se no fluxo do processo temporal, da "fantasia que se desenvolve no tempo", atributo do trigrama Céu.[1] Tendo, agora, em que aderir, o fogo converte-se em luz, após responder pela modelação dessa fantasia que se desenvolve no tempo e que alcançará sua estabilidade formal, sua cristalização, no trigrama da Montanha.

[...] essa fantasia que se desenvolve no tempo precisa ser modelada em alguma forma na qual possa se cristalizar. E aí entra o Receptivo, colocando-se agora ao centro, criando a claridade no fluxo do processo temporal. Claridade esta que, por sua vez, converte-se em luz, pelo fato de ter agora um objeto ao qual aderir. O trigrama Li é o Aderir, é o brilho. E, como o próprio Mefistófeles foi obrigado a reconhecer, o brilho é brilho justamente enquanto adere a corpos, visto que a luz só pode existir graças aos corpos que a refletem, pois só através deles pode resplandecer sua beleza. (ibidem, p.45)

Acerca apenas do hexagrama 22, P'i, a Graciosidade (Figura 2.6), assim prossegue Wilhelm:

---

1 Wilhelm observa que Chi'ien "é o Criativo, o Céu, o Tempo, a interioridade, o movimento, o firme" (1995, p.42).

O ADERIR E A ADERÊNCIA 77

Vemos então a luz que adere aos corpos como símbolo de uma atividade artística [...]. E, por outro lado, vemos o símbolo do que modela a forma, a possibilidade de dar estabilidade à forma, o elemento espacial, que deve ser dominado pelo espírito. Essa é a parte representada pela Quietude, é a montanha, é K'en, o trigrama do repouso. A singularidade do quadro consiste justamente em que há um momento em que o fluir do tempo foi captado, e revestido de forma.

Essa relação entre conteúdo e forma não deve, naturalmente, ser substancializada, isto é, convertida em dois elementos distintos e separados: não há conteúdo sem forma, nem há forma sem conteúdo. Todavia, ambos procedem de fontes diversas: o conteúdo tem origem no peito (na alma) e a forma, no espírito. [...]

A natureza desse hexagrama demonstra o conceito chinês do espírito da arte. (ibidem, p.46)

Sobre essas associações entre espírito e forma, alma e conteúdo, Wilhelm traz à tona a referência ao canto católico "Vinde, espírito criador" (*Veni creator spiritus*), canto que, continua, Goethe definiu como "o processo mais perfeito da criação artística: o espírito vem, e se situa abaixo da alma e, ao descer, subordinando-se à alma, ele a penetra, incutindo-lhe suas forças; e assim a alma pode conceber, receptiva, e forma-se a obra de arte" (ibidem, p.43). Essa imagem é o equivalente do processo de "incubação" de que tratou Wilhelm e, portanto, é a que está representada na mutação do hexagrama T'ai no hexagrama P'i, ou seja, na quinta linha que ascende e na segunda que se precipita, conforme já se mostrou. Cumpre registrar, aqui, a congenial afirmação do narrador Rodrigo SM no início de *A hora da estrela*: "Por que escrevo? Antes de tudo porque captei o espírito da língua e assim às vezes a forma é que faz conteúdo" (Lispector, 2006, p.18).

Segundo o *Livro das mutações*, em síntese, tem-se que o Aderir, enquanto imagem simbólica do trigrama Li, representa algumas premissas do processo criativo, a saber: observação, contemplação, intuição. No hexagrama P'i, esse princípio surge de modo mais complexo, uma vez que interage com outro trigrama, K'en, ao mesmo tempo que ambos resultam de outros dois: Céu e Terra. Em P'i, Li representa a modelação da arte, que, carecendo de forma, irá se cristalizar em K'en. O enformamento da arte, então, pressupõe a aderência; o processo criativo pressupõe uma etapa de aderência a fim de que, sequencialmente, a arte ganhe sua forma. No início de *A paixão segundo G.H.*, conforme se viu anteriormente, o dificultoso processo de narração no qual se encontra a narradora será, de certo modo, ficcionalmente resolvido em uma metáfora de aderência, e essa metáfora é coincidente com a imagem geral do hexagrama P'i. Nele, o fogo na base da montanha, na narrativa: uma "nebulosa de fogo que se esfria em terra, crosta que por si mesma endurece" (idem, 1996, p.11) – figuração de uma submissão à forma, de uma rendição à linguagem que buscará exprimir o inexprimível. Reiterando-se, o que nesse caso se identifica como Aderência é essa imagem, modeladora, de uma crosta se fazendo endurecer, resultante do fogo esfriado, grudado, em terra.

P'i: o princípio da arte e sua culminância

No hexagrama P'i, integralmente transcrito nas figuras 2.6, 2.7 e 2.8, a beleza externa, compreendida como ornamento supérfluo, é aceita, em arte, mediante subordinação a um significado, a um sentido que lhe seja estrito e também elevado. As seis linhas que o compõem encerram, em seus textos, imagens que vão, justamente, do desprendimento do simples adorno até a experimentação de um essencial indizível – quando o invisível, despojado em definitivo do ornamento, atua unicamente como possibilidade, como potencialidade, conforme a análise de Richard Wilhelm (1995).

O ponto exemplar desse percurso, a perfeição suprema da arte, está no encontro entre a forma e seu conteúdo, metaforizado, na terceira linha, pelos predicativos da Beleza resultante da interpenetração entre o fogo e a água, a saber: Brilho e Transparência, Clareza. Tal identificação, porém, não se dá sem que a ela se siga a advertência acerca do risco em se pretender modelar em permanência aquilo que é essencialmente transitório.

No topo do hexagrama, a imagem correspondente a um silenciamento dos ruídos da vida externa, cujo espelhamento estaria no exemplar exercício da arte que se vai esboçando. Ou seja, também na vida haveria de se rever os excessos, o ornamento, a simples exterioridade.

O ADERIR E A ADERÊNCIA   79

Figura 2.6 – O hexagrama P'i: descrição geral, julgamento e imagem

22. PI / GRACIOSIDADE (BELEZA)

Acima KÊN, A QUIETUDE, MONTANHA.
Abaixo LI, O ADERIR, FOGO.

Este hexagrama mostra um fogo que irrompe das misteriosas profundezas da terra e cujas chamas ascendem iluminando e embelezando a montanha, as alturas celestiais. A graciosidade, a beleza da forma, é necessária em toda união para que esta se realize de modo ordenado e agradável, e não desordenado e caótico.

JULGAMENTO

A GRACIOSIDADE tem sucesso.
É favorável empreender algo em assuntos menores.

A graciosidade traz o sucesso. Mas não é essencial nem fundamental. É apenas um ornamento e por isso deve ser usada com moderação, em pequena escala. No trigrama inferior, o fogo, uma linha suave surge entre duas linhas fortes, embelezando-as; as linhas fortes constituem a essência, a linha fraca é a forma embelezadora. No tri-grama superior, a montanha, a linha forte toma a liderança, de modo que aqui também deve ser considerada como fator decisivo. Na natureza, vemos no céu a luz forte do sol, da qual depende a vida no mundo. Mas essa força, esse atributo essencial, modifica-se com a graciosa variação da lua e das estrelas. Na vida humana, a forma estética consiste no fato de princípios sólidos e firmes como montanhas tornarem-se agradáveis em virtude de sua lúcida beleza. Contemplando as formas existentes no céu, pode-se compreender o tempo e suas diferentes exigências. Contemplando as formas existentes na sociedade humana, pode-se estruturar o mundo.[30]

IMAGEM

O fogo na base da montanha: a imagem da GRACIOSIDADE.
Assim procede o homem superior esclarecendo assuntos correntes.
Mas ele não ousa decidir questões controvertidas dessa maneira.

---

[30] Esse hexagrama mostra a beleza tranqüila: clareza interna e quietude externa. Essa á a tranqüilidade da pura contemplação. Quando se cala o desejo e a vontade se aquieta, o mundo manifesta-se enquanto pura idéia. E nesse sentido o mundo é belo, distante da luta pela existência. Este é o mundo da arte. Mas a mera contemplação não é suficiente para tranqüilizar definitivamente a vontade. Ela se redespertará e toda a beleza parecerá, então, ter sido só um momento fugaz de exaltação. Por isso, este ainda não é o verdadeiro caminho da redenção. Confúcio foi desagradavelmente surpreendido quando em certa ocasião, ao consultar o oráculo, obteve como resposta o hexagrama "GRACIOSIDADE".

87

Fonte: Wilhelm, 2006

80

CLARICE LISPECTOR E O CLÁSSICO CHINÊS I CHING

Figura 2.7 – As linhas do hexagrama P'i

O fogo, cuja luz ilumina e embeleza a montanha, não brilha a grande distância. Assim também, a forma graciosa é suficiente para alegrar e para aclarar assuntos de menor monta. Porém, questões importantes não podem ser decididas dessa maneira. Exigem maior seriedade.

LINHAS

Nove na primeira posição significa:
Ele embeleza os dedos dos pés,
abandona a carruagem e caminha.

A condição de iniciante e a posição subalterna exigem que a própria pessoa realize um esforço para avançar. Pode haver uma oportunidade para, subrepticiamente, se facilitar a caminhada - representada pela imagem da carruagem. Mas um homem íntegro despreza tal modo questionável de ajuda. Ele prefere andar a pé do que andar indevidamente numa carruagem.

O Seis na segunda posição significa:
Ele embeleza a barba em seu queixo.

A barba não é algo independente; só pode mover-se junto com o queixo. A imagem significa então que a forma só deve ser considerada como conseqüência e como atributo [31] do conteúdo. A barba é um adorno supérfluo. Cultivá-la por si só, sem levar em consideração o conteúdo interno ao qual ela serve de ornamento, seria sinal de uma certa frivolidade.

Nove na terceira posição significa:
Gracioso e úmido.
A perseverança constante traz boa fortuna.

Isto indica uma situação de vida muito agradável. Uma pessoa se encontra envolvida pela beleza e inebriada pelo esplendor. Essa beleza pode, sem dúvida, ornamentar, mas também pode subjugar. Por isso, a advertência para não se deixar mergulhar nessa comodidade inebriada, mas procurar se manter constante em sua perseverança. Disso depende a boa fortuna.

Seis na quarta posição significa:
Graça ou simplicidade?
Um cavalo branco chega como que voando.
Ele não é um salteador,
deseja cortejar, no momento devido.

Uma pessoa se encontra numa situação de dúvida: deve continuar e procurar a beleza do brilho externo, ou será melhor voltar à simplicidade? A dúvida em si mesma já implica na resposta. Uma confirmação chega do exterior; vem como um cavalo branco alado. O branco indica simplicidade. Mesmo que, num primeiro momento, pareça decepcionante ter de renunciar às comodidades que por outro caminho se poderiam obter, com o tempo encontra-se a paz interior na união verdadeira com o amigo que corteja. O cavalo alado é o símbolo dos pensamentos que transcendem os limites do espaço e do tempo.

Seis na quinta posição significa:
Graciosidade nas colinas e nos jardins.
O embrulho de seda é pobre e pequeno.
Humilhação, mas, ao final, boa fortuna.

---

[31] Literalmente "acompanhante". (Nota da tradução brasileira.)

88

Fonte: Wilhelm, 2006

O ADERIR E A ADERÊNCIA

Figura 2.8 – Última linha de P'i, correspondente ao topo do hexagrama (a sexta posição)

Alguém se afasta do contato com os homens das regiões baixas, que procuram apenas o luxo e a ostentação, e se volta à solidão das alturas. Ele encontra então uma pessoa a quem pode admirar e a quem gostaria de ter como amigo. Mas os presentes que tem para oferecer são pobres e pequenos e ele se sente então envergonhado. Porém, não é a dádiva externa que importa, mas a sinceridade de sentimento. Por isso tudo acaba bem.

O Nove na sexta posição significa:
Graciosidade simples.
Nenhuma culpa.

Aqui, no nível mais elevado do desenvolvimento, todo ornamento é descartado. A forma não mais oculta o conteúdo, mas o manifesta em plenitude. A graciosidade suprema não consiste no adorno externo da matéria e sim na simplicidade e adequação da forma.

Fonte: Wilhelm, 2006

Assim, é intrínseca ao hexagrama 22 uma atmosfera espiritual que, em torno do notável e fugaz instante em que se conjugam fogo e água (metaforizando a beleza úmida e clara que reside no preciso encontro entre conteúdo e forma), adverte acerca da transitoriedade inerente à vida e, sobretudo, ao que se vai configurando a partir do progressivo descarte do acessório: um essencial desprovido de visibilidade, um esplendor oculto que atua apenas como potencialidade, e que constitui, para a China, a culminância da arte. Nas palavras de Wilhelm,

as linhas, as orientações, a coordenação modeladora da arte, passam aqui da esfera visível ao âmbito do invisível. Onde elas começam a desaparecer, onde o transitório se converte em símbolo, onde o insuficiente, o inalcançável se torna um fato, é o momento em que a arte chinesa ingressa na eternidade, irrompe no reino celestial. (ibidem, p. 56)

O hexagrama P'i linha a linha

Acompanhando-se esse percurso linha a linha, a primeira representa, então, o rechaço dos adornos, do supérfluo, a fim de que cada elemento artístico esteja no lugar que lhe é devido, em estreita relação com o significado que veicula. "Essa é a primeira etapa na execução da beleza pela modelação artística: descartar todo o desnecessário, tudo aquilo que, enquanto ornamento ou jogo, não corresponda ao sentido da obra" (ibidem, p. 53). Esse significado Wilhelm apresenta a partir da imagem "Ele embeleza os dedos dos pés, abandona a carruagem e caminha". Tratando-se de uma linha forte (*yang*) em posição de principiante (por isso a representação de "dedos dos pés"), haveria uma inadequação para a utilização da carruagem, e a beleza, assim, consistiria em caminhar. O sinólogo atribui a interpretação dessa imagem a Confúcio.

A segunda linha é a que aponta para a aceitação do enfeite, do ornamento, da beleza externa, desde que subordinada a um sentido maior: "A bela aparência também é permitida quando acompanha algo superior. Nada deve ser cultivado espontaneamente, a não ser que seu sentido seja englobado por um sentido maior" (ibidem). É o que o sinólogo depreende da passagem "Ele embeleza a barba do seu queixo", sendo a

O ADERIR E A ADERÊNCIA   83

barba um simples ornamento que não se movimenta por si mesma, apenas quando o maxilar se move. A terceira linha corresponde, de acordo com o sinólogo, ao momento em que a obra de arte chega ao seu auge. Com destaque para o excerto "Gracioso e úmido; a perseverança constante traz sorte", Wilhelm afirma estar-se, aqui, diante "da beleza luminosa e úmida na linha central do trigrama nuclear da água, que ao mesmo tempo é a linha superior do trigrama do fogo". O atributo dessa beleza é então o resultado da interpenetração entre o brilho e a água, no que Wilhelm lê a integração entre conteúdo e forma, momento de "suprema perfeição da arte", uma vez que esta se torna "absolutamente transparente". Intrínseco a essa imagem está justamente o trigrama nuclear[2] (da água) que também representa perigo, o Abismal. Assim, a linha traz consigo a advertência a um perigo iminente. "O risco, e esse perigo sempre existe quando a transição de um estado de excelência está por ser modelado numa configuração permanente, é o de que então a queda será inevitável." É através da constante perseverança de se continuar a percorrer o caminho que tal perigo deve ser evitado (ibidem, p.54).

Na quarta posição, chega-se às "esferas superiores", ao passo "que leva do artista ao asceta". Trata-se do instante em que é infundido, no artista, o silêncio oriundo da vontade de viver a vida presente na arte. A vida externa é silenciada por um momento, e sua continuidade é atrelada ao que se vivenciou na arte:

Ornamentar? Deve-se enfeitar a vida? Deve-se forjá-la artificialmente? Deve-se embelezá-la? Ou devemos nos contentar com simplificá--la? Um cavalo branco chega, então, como se viesse voando pelo céu. O cavalo branco é o Sol, que também passa a galope. A luz branca representa a simplicidade. (ibidem, p.55)

Essa leitura provém da seguinte imagem constante do texto: "Graça ou simplicidade? Um cavalo branco chega como que voando. Ele não é um assaltante; deseja namorar no devido momento". Há, aqui, o

---

2 No *Livro das mutações* os trigramas nucleares, referenciados em algumas interpretações, resultam da supressão das linhas externas, a primeira e a sexta.

pressuposto atemorizante de que o silêncio de uma vida essencial experimentado através da arte possa se converter em estado permanente, daí a metáfora acerca do cavalo: "Isto significa que um estado aparentemente insustentável e terrível, enquanto visto de fora, é de fato ameno e suportável quando o aceitamos conscientemente" (ibidem).

A quinta linha marca, afirma o sinólogo, o retorno da beleza à natureza, deixando para trás a esfera humana. É o que estaria contido no excerto "Graciosidade nas colinas e nos jardins". Em consonância com a lei do Tao, e com o budismo chinês, tem-se o descarte definitivo do acessório, do elemento que explica, do elemento que descreve. "Surge à tona, cada vez mais, o grande silêncio, o Nada que forja toda a existência." Wilhelm observa que foi essa a mesma orientação a dar origem à pintura paisagística chinesa. Nessa pintura, a paisagem emerge "como a derradeira tendência à simplicidade, semelhante à 'Graciosidade nas colinas e jardins'" (ibidem, p.55-56).

A última linha do hexagrama, além de reforçar a premência da beleza desprovida de qualquer pretensão externa, anuncia sua transfiguração em esplendor oculto, em beleza que já não é visível, que atua apenas como potencialidade; essa beleza constitui para a China, segundo afirma Wilhelm, "a culminância da arte". Difícil de ser verdadeiramente compreendida, Wilhelm busca explicá-la citando a relação do poeta chinês T'ao Yüan Ming com sua cítara sem cordas:

> O poeta chinês T'ao Yüan Ming possuía uma cítara sem cordas. Ele passava a mão por seu instrumento, dizendo: "Só a cítara sem cordas pode expressar as derradeiras emoções do coração". Pois na China, tocar cítara é considerado a arte suprema, a expressão da alma, quando ressoam os sons que já deixaram de soar. Uma vez tocada a nota, os dedos acariciam as cordas, criando vibrações que já não se podem ouvir com os ouvidos. Mas quando os amigos se reúnem, cada qual transmite aos outros as emoções de seus corações através desses sons inaudíveis. As linhas, as orientações, a coordenação modeladora da arte, passam aqui da esfera visível ao âmbito do invisível. Onde elas começam a desaparecer, onde o transitório se converte em símbolo, onde o insuficiente, o inalcançável se torna um fato, é o momento em que a arte chinesa ingressa na eternidade, irrompe no reino celestial. (ibidem, p.56)

O ADERIR E A ADERÊNCIA   85

As linhas de P'i, os passos de G.H.

> *Não quero a beleza, quero a identidade.*
>
> (G.H.)

Na hesitante narração de G.H., o relato do terrível e desejado encontro com o neutro, com a identidade, com a "realidade tão maior", é acompanhado das descrições de todo um sistema de vida do qual a narradora, para tal, se despede. Muito marcado, segundo suas confissões, pelo susto que lhe é viver, pelo seu medo de viver (n)o agora, no núcleo, no neutro, tal sistema caracteriza-se, justamente, por quaisquer expedientes que a afastem da identidade, como a falsa humanização e os sentimentos (ou as "sentimentações") de esperança e de beleza.

No romance, a recorrente menção à beleza atesta sua peculiar importância ao divisar os termos em que G.H. segue, desta, desprendendo-se, tanto no que concerne ao novo mundo que se lhe configura quanto às palavras escolhidas para narrar a experiência de que ele resulta. Em outros termos: a beleza, negada, perpassa narração e narrativa, é um tópico que dá corpo à paixão *de* G.H. e à paixão *segundo* G.H.

Wilhelm (ibidem), na detalhada análise que empreendeu do hexagrama P'i, observou que as palavras que acompanham as suas seis linhas evidenciam o caminho em que se vai progredindo na arte. Na narrativa *A paixão segundo G.H.*, sob o epíteto da beleza, vê-se também uma progressão em muitos aspectos correlata a essa do hexagrama.

Assim, logo no início do romance, na busca por narrar o inenarrável, aquilo a que apenas chama "mas sem saber-lhe o nome" (Lispector, 1996, p.14), G.H. despoja-se do desejo de beleza aparente; abandona o incômodo de que o que diga ou escreva seja ridículo, esteja fora de um sistema de bom gosto. Segundo narra, está justamente nesse desprendimento a primeira liberdade que pouco a pouco a toma, no que concerne não só à estética, mas também à vida.

> Será preciso coragem para fazer o que vou fazer: dizer. E me arriscar à enorme pobreza da coisa dita. Mal a direi e terei que acrescentar: não é isso, não é isso! Mas é preciso também não ter medo do ridículo, eu sempre preferi o menos ao mais por medo também do ridículo: [...].

Sinto que uma primeira liberdade está pouco a pouco me tomando... Pois nunca até hoje temi tão pouco a falta de bom gosto: escrevi "vagalhões de mudez", o que antes eu não diria porque sempre respeitei a beleza e a sua moderação intrínseca. Disse "vagalhões de mudez", meu coração se inclina humilde, e eu aceito. Terei enfim perdido todo um sistema de bom gosto? Mas será este o meu ganho único? Quanto eu devia ter vivido presa para sentir-me agora mais livre somente por não recear a falta de estética... Ainda não pressinto o que mais terei ganho. Aos poucos, quem sabe, irei percebendo. Por enquanto o primeiro prazer tímido que estou tendo é o de constatar que perdi o medo do feio. E essa perda é de uma tal bondade. É uma doçura. (ibidem)

Notam-se, nesse excerto, semelhanças com as linhas 1 e 4 do hexagrama da Graciosidade, uma vez que a linha 1, conforme se apresentou, responde pela advertência de, no exercício da arte, despojar-se do simples ornamento, enquanto a linha 4 mostra o instante em que essa percepção acerca do plano estético se estende para a vida diária.

Na quinta linha, a beleza deixa a esfera humana, retornando à natureza. Aqui, é mister retomar, Wilhelm se refere à pintura paisagística chinesa, de orientação budista, materialização da "derradeira tendência à simplicidade". Segundo ele, essa arte "descarta cada vez mais o acessório, principalmente o elemento que a explica, que a descreve. Surge à tona, cada vez mais, o grande silêncio, o Nada que forja toda a existência" (Wilhelm, 1995, p.55). Em G.H., o Nada, o grande silêncio, encontra via de acesso não na resplandecente beleza da natureza, mas no lado imundo daquilo que é também natureza: a barata.

No Capítulo 15 do romance, G.H. anuncia já ter saído daquela que era sua esfera humana, pondo-se a caminho do irredutível, viabilizado pela natureza tão maior da barata com quem se defrontava no quarto de Janair. E nessa atmosfera do imundo, da natureza, do nó vital que liga todas as coisas, a beleza passa a consistir na ausência daquele outro tipo de beleza, humanizada, sob cuja égide vivera G.H.

O meu medo era agora diferente: não o medo de quem ainda vai entrar, mas o medo tão mais largo de quem já entrou. [...] Pois foi com minha temeridade que olhei então a barata. E vi: era um bicho sem beleza

O ADERIR E A ADERÊNCIA

para as outras espécies. [...] A natureza muito maior da barata fazia com que qualquer coisa, ali entrando – nome ou pessoa – perdesse a falsa transcendência. Tanto que eu via apenas e exatamente o vômito branco de seu corpo: eu só via fatos e coisas. Sabia que estava no irredutível, embora ignorasse qual é o irredutível. [...] A beleza, aquela nova ausência de beleza que nada tinha daquilo que eu antes costumava chamar de beleza, me horrorizava. (Lispector, 1996, p.62- 63)

Pouco antes, G.H. parece também aludir a uma prerrogativa e a uma imagem semelhantes às constantes da linha 3. Tal linha, na análise de Wilhelm (1995), conforme já se apresentou, evidencia o perfeito e fugaz instante em que forma e conteúdo se conjugam, desencadeando a "beleza úmida e clara", tornando a obra de arte absolutamente "transparente". Ainda no preâmbulo, G.H., em sua busca tormentosa pela forma, anuncia, para que a atinja, necessitar fingir escrever a alguém que lhe segure a mão. De modo similar, enquanto a linha 3 do hexagrama da Graciosidade aponta a *transparência* que sucede ao perfeito arranjo entre forma e conteúdo, G.H. fala de um "horror" que, na companhia da mão, se transformará em uma *"claridade"* (bastante peculiar, avessa ao ornamento). Assim, em algum ponto desse processo, a mão que segura poderá ser dispensada, embora sem que o "horror" desapareça:

Logo que puder dispensar tua mão quente, irei sozinha e com *horror*. O *horror* será a minha responsabilidade até que se complete a metamorfose e que o *horror* se transforme em claridade. Não a claridade que nasce de um desejo de beleza e moralismo, como antes mesmo sem saber eu me propunha; mas a claridade natural do que existe, e é essa claridade natural o que me aterroriza. Embora eu saiba que o *horror* – o *horror* sou eu diante das coisas. (Lispector, 1996, p.13-14, grifos meus)

Tomando-se essa chave de leitura, nesse trecho que finaliza com a definição acerca do horror, palavra muito repetida, parece pertinente levantar duas afirmações na direção de interpretá-lo e de detalhar possíveis relações de correspondência com a linha 3. A primeira é que "horror" é metáfora que condensa, ao mesmo tempo, vida e expressão. O "horror" é não só o que acontecera a G.H., mas sobretudo a ausência de palavra que o exprima, que assim o torne compreensível ("só posso compreender o que me acontece mas só acontece o que eu compreendo") (ibidem, p.11). A segunda é que a "metamorfose" corresponde ao clarão de que falou Wilhelm (1995), é o fugaz instante da clarificação, que também aterroriza, mas que, transitória como deve ser (como também o adverte o texto da linha 3), cede espaço de volta ao "horror". "E o horror sou eu diante das coisas" (Lispector, 1996, p.14). Ou seja, G.H. sabe-se – e aqui o reitera sob a metáfora do horror – fadada a narrar o inenarrável, a despeito de sua compreensão.

Entretanto, se daqui se vai ao final da narrativa, vemos que, muito embora o inenarrável subsista, houve um vasto caminho de alegramento. Na verdade, é agora sob o signo de uma alegria mansa que ele existe. O impasse da nomeação se abranda absolutamente. Partiu-se do "horror", chegou-se – talvez – à "confiança":

> Com as mãos quietamente cruzadas no regaço, eu estava tendo um sentimento de tenra alegria tímida. Era um quase nada, assim como quando a brisa faz estremecer um fio de capim. Era quase nada, mas eu conseguia perceber o ínfimo movimento de minha timidez. Não sei, mas eu me aproximava com angustiada idolatria de alguma coisa, e com a delicadeza de quem tem medo. Eu estava me aproximando da coisa mais forte que já me aconteceu. [...] Eu me aproximava do que acho que era – confiança. Talvez seja este o nome. Ou não importa: também poderia dar outro. (ibidem, p.114)

Seguindo-se o paralelo com as linhas do hexagrama, em que da beleza voltada para a natureza (linha 5) se vai para o nível ascético da arte (linha 6), é importante pontuar que esse tenro caminho de alegramento de G.H. iniciou-se quando do seu contato – do ato de dizê-lo – com a natureza, imunda, da barata.

Com efeito, a narração desse estado de alegria é repleta de imagens de elevação e de alargamento que se assemelham bastante à leitura que Wilhelm (1995) faz da linha 6, sobre a culminância da arte, sobre sua paridade com a "eternidade", com o "reino celestial".

Eu estava agora tão maior que já não me via mais. Tão grande como uma paisagem ao longe. Mas perceptível nas minhas mais últimas montanhas e nos meus mais remotos rios: a atualidade simultânea não me assustava mais, e na mais última extremidade de mim eu podia enfim sorrir sem nem ao menos sorrir. Enfim eu me estendia para além de minha sensibilidade.

O mundo independia de mim – esta era a confiança a que eu tinha chegado: o mundo independia de mim, e não estou entendendo o que estou dizendo, nunca! Nunca mais compreenderei o que eu disser. Pois como poderia eu dizer sem que a palavra mentisse por mim? Como poderei dizer senão timidamente assim: a vida se me é. A vida se me é, e eu não entendo o que digo. E então adoro. ––––––(Lispector, 1996, p.115)

Semelhanças nas diferenças: a Aderência e o Aderir

Conforme se tem reforçado, a Aderência é aqui o nome que enfeixa todas as nuances de uma prática recorrente na escrita ficcional de Clarice Lispector, ao mesmo tempo que declarada, pela autora, como um expediente necessário ao início de sua produção. Tomando como base as explicitações da própria escritora, parece lícito definir, em termos simples, que a Aderência consiste em colagem, grude; em termos correlacionais, em uma captação sensitiva, intuitiva da realidade; em uma análise correlacional mais detida, trata-se de uma constante ficcional de sentidos deslizantes: dos anteriormente mencionados a uma metáfora que resulta em narração, ou que pressupõe a narração em ato, ou que é a própria condição do narrar.

Antes, ou para além, da coincidência entre a metáfora da nebulosa de fogo esfriada em terra e a imagem geral do hexagrama 22, bem como entre os passos de G.H. e as linhas desse hexagrama, propõe-se sustentar que seu enlace com o *I Ching: o livro das mutações* se dá também nos deslizantes sentidos que, no Clássico, possui a imagem do Aderir, sentidos coincidentes com aspectos afins ao que se tem destacado na escrita clariciana, como o tênue limite entre união e dependência, estruturação, intuição, criação artística.

O trigrama Li surge em quinze dos 64 hexagramas do livro. São eles: o de número 13, Comunidade com os Homens; o 14, Grandes Posses; o

21, Morder; o 22, Graciosidade; o 30, Aderir; o 35, Progresso; o 36, Obscurecimento da Luz; o 37, A Família; o 38, Oposição; o 49, Revolução; o 50, Caldeirão; o 55, Abundância; o 56, O Viajante; o 63, Após a Conclusão; e o 64, Antes da Conclusão. Conforme é possível entrever através dos títulos, os aspectos gerais desses hexagramas são completamente diversos uns dos outros. O trigrama Li lhes é comum e, no interior de suas imagens específicas, assume sentidos deslizantes.

Seus múltiplos significados, afins entre si, deslizam de um para outro em virtude da imagem que o trigrama forma em combinação com o outro que o acompanha. É assim que o mesmo trigrama, Li, pode significar clareza, distinção, organização, união, reunião, dependência. Pode significar seja a estrutura da obra artística, seja a organização da ordem familiar, por exemplo.

Em síntese, ao mesmo tempo que, no *I Ching*, o Aderir significa dependência, percepção, clareza, união, ordem, estrutura, diferenciação, reunião, em função de seus atributos em combinação com outros trigramas, destaca-se, aqui, que na poética clariciana a Aderência, em função seja de um estágio na criação artística, seja de arranjos ficcionais adotados, assume também sentidos analógicos: o alcance da compreensão, a captação intuitiva, a indiferenciação entre forma e conteúdo, o grude, ou dependência, entre personagem e narrador, a condição para se formar ou se narrar a história, a gravidade ou a ironia.

CAPÍTULO 3

Clarice e o *I Ching*

Conforme visto no início do capítulo anterior, não são poucos os grandes nomes da cultura, do pensamento e das artes cujo manuseio do *I Ching* é afirmado ou entrevisto. Além daqueles já citados, Hermann Hesse, Carl Gustav Jung, Ezra Pound, Haroldo de Campos, Julio Plaza, Caio Fernando Abreu, Gilberto Gil, Maria Bonomi e Clarice Lispector são alguns outros nomes que compõem a lista.

Não há, ou não são ainda conhecidas, referências explícitas ao livro chinês feitas pela própria escritora.[1] Que Clarice foi leitora do *I Ching* atestam-nos os depoimentos das amigas Maria Bonomi e Olga Borelli, bem como o exemplar da obra que pertenceu à escritora, hoje no Acervo Clarice Lispector do Instituto Moreira Salles, no Rio de Janeiro (Figura 3.2). O exemplar de Clarice é de 1961. Trata-se da segunda edição, em volume único, da tradução da versão alemã, de Richard Wilhelm, para o inglês, realizada por Cary F. Baynes, pela Pantheon Books. Nos Estados Unidos, o livro foi editado pela primeira vez em 1950, e contou com reedições em 1952 e em 1955, década em que Clarice morou naquele país; de 1952 a 1959, a escritora morou próximo a Washington, em Chevy Chase. É possível, então, que

---

1 Conforme se verá logo adiante, o mais próximo disso seria uma alusão a um "Livro" feita na crônica "A geleia viva como placenta", publicada em janeiro de 1972. É bem possível que, dadas as semelhanças entre trechos da crônica e do hexagrama 61, a escritora esteja se referindo ao *Livro das mutações*. Há de se destacar, ainda, a possível presença do trigrama Sun, a Suavidade, na tela *Matéria da coisa*, que Clarice pintou para a amiga Maria Bonomi, em 1975 (MALAVOLTA, M. Palavra e(m) madeira. In: AMPARO, F. et al. *El arte de pensar sin riesgos:* 100 años de Clarice Lispector. Buenos Aires: Corregidor, 2021. p.209; cf. também Montero, 2021, p.418).

92 CLARICE LISPECTOR E O CLÁSSICO CHINÊS I CHING

seu contato com o livro chinês tenha se iniciado nesse período. Segundo Alayde Mutzenbecher, que verteu para o português a versão de Wilhelm (2006), a tradução de Baynes marca o sucesso do livro no Ocidente:

O *I Ching* começou a ter sucesso no Ocidente nos EUA. Foi a partir da tradução de C. Baines [*sic*] para o inglês, que teve um prefácio de Jung. Sem saber como fazer um prefácio para um arquiteto como o *I Ching*, Jung resolve perguntar ao próprio *I Ching* se deveria realmente escrever este texto. O prefácio acabou sendo, então, a descrição desta consulta oracular, brilhantemente interpretada por Jung. Seu prefácio talvez seja o que há de mais valioso na tradução de R. Wilhelm. O grande sucesso do *I Ching* no Ocidente começou a partir da versão americana.[2]

Maria Bonomi, com quem Clarice teve um encontro inusitado em 1958 (ao qual se seguiram anos de profunda amizade), quando a artista plástica estava, palavras suas, "em pleno deslumbramento de curso com Seong Moy", um dos mestres da xilogravura chinesa, conta que a escritora lhe recomendava frequentemente o *Livro das mutações*: "Pega o *I Ching* e vai pelo *I Ching*",[3] dizia.

Em *Clarice Lispector: esboço para um possível retrato*, Olga Borelli (1981) transcreve quatro consultas realizadas por Clarice ao livro chinês, duas delas relativas ao processo criativo da escritora. Essas duas são transcritas a seguir:

Como devo fazer meu livro?
Resposta: [hexagrama] 8 de "Unidade, Coordenação".

Que estilo usar?
Resposta:

---

2 Entrevista de Mutzenbecher, concedida à *Revista Frater*, Rio de Janeiro, 2003. Disponível em: http://soulshinexyz.wordpress.com/2010/02/19/entrevista-com-alayde-mutzenbecher/.

3 Maria Bonomi, em depoimento concedido à pesquisadora, em 5 de dezembro de 2013. Acerca das circunstâncias do encontro com Clarice, Bonomi relembra que ambas se conheceram quando Maria, jovem estudante de Artes Plásticas na Universidade Columbia, em Nova York, fora pedir emprestado à escritora um vestido de festa, por ocasião de uma cerimônia oferecida aos bolsistas brasileiros na embaixada do Brasil em Washington.

Escuro, primitivo, implorante.
Se tentar liderar ela se perde.
Mas se segue alguém, acha um guia.
É favorável achar amigos.
A perseverança silenciosa traz boa sorte da beleza e esplendor.
Assim prospera tudo o que vive.
Ação conforme a situação. (ibidem, p.58)

A esse último trecho de resposta Borelli traz uma continuação em itálico que, ao estilo do livro *Clarice Lispector: esboço para um possível retrato*, consiste na segunda voz que o compõe, consiste em um fragmento do punho de Clarice, até então inédito, segundo Borelli. Esse fragmento é uma paráfrase resumida da resposta obtida no *I Ching*:

> Não estou numa posição independente: atuo como assistente. Isto quer dizer que eu tenho que realizar alguma coisa. Não é sua tarefa liderar – mas sim deixar-se guiar. Se aceita encontra o destino, *"fate"*; com aceitação encontrará o verdadeiro guia.
>
> Busca sua intimação no *"fate"*.
>
> Preciso de amigos e auxílio quando as ideias estão enraizadas. Se não mobilizar todos os poderes, o trabalho não será feito.
>
> Além do tempo e do esforço, há também um pouco de planejamento. E para isso é necessário solidão. Tem que estar sozinha. Nessa hora sagrada não deve ter companheiros, para que a pureza do momento não seja estragada por ódios e favoritismos.
>
> Esperar pela hora certa do destino e enquanto isso "alimentar-se com alegria". (Lispector apud ibidem, p.58-59)

Com efeito, o *I Ching* de Clarice documenta sua utilização enquanto oráculo, uma vez que, além de vários grifos, possui, entre suas páginas, recortes de papel contendo perguntas formuladas pela escritora e os respectivos hexagramas que respondem a elas (Figura 3.3), bem como outros, avulsos, todos eles acompanhados dos números que os identificam, a saber: 6, 7, 8, 9. Na última página do livro, inclusive, encontra-se uma anotação indicativa dos hexagramas:

94 CLARICE LISPECTOR E O CLÁSSICO CHINÊS I CHING

Figura 3.1 – Anotação no exemplar do *I Ching* que pertenceu a Clarice Lispector

6 = ____

7 = ____

8 = _ _

9 = _ _

Exclusivamente, os números 6, 7, 8 e 9, conforme se fundamentará a seguir, identificam as linhas dos hexagramas do *I Ching*, e é através do lançamento, seis vezes, de três moedas que se chega ao hexagrama que contém uma combinação desses números, às vezes de um só deles, às vezes de todos, a depender do resultado dos lançamentos, justamente.

Em uma prática mais antiga, a consulta se dava não com as moedas, mas com a utilização de cinquenta varetas de caule de milefólio, o que é detalhadamente descrito no romance *O jogo das contas de vidro*, de Hermann Hesse (1971).

Não se dando, necessariamente, à tradicional leitura linear e contínua, também por ser, em sua origem, unicamente um conjunto significativo de traços, o *I Ching* abriu-se e abre-se, ainda, a múltiplos usos e interpretações. No século XVII, Leibniz acreditou ver nele um perfeito sistema binário de combinação. O orientalista Terrien de la Couperie, no século XIX, o possível vocabulário de uma tribo. Tendo muito meditado em torno dos 64 hexagramas, Alejandro Schulz Solari, ou Xul Solar (2012), amigo de Jorge Luis Borges, registrou-os no idioma que criou, o neocriolo, além de tê-los figurado em suas telas. No Brasil, Max Martins (1992b), poeta paraense, grande amigo de Benedito Nunes, escreveu um livro de poemas a partir do *I Ching*, intitulado *Para ter onde ir*, publicado em 1992.

Nessa esteira, pode-se afirmar, o livro chinês foi obra congenial à modernidade artística. Sua materialidade complexa, aberta a muitos sentidos de leitura e a muitas formas de manuseio, passíveis de serem operadas por meio de combinações de traços, comungou, por exemplo, com a forma poética inaugurada por Mallarmé, com "Un coup de dès" (Campos, 2013).

Ao mesmo tempo, seu milenar e perene caráter místico, de valor filosófico, serviu igualmente a um espírito de época também moderno, voltado, se não centralmente a novas formas de significação, a novos sentidos de existência. Por exemplo, as meditações empreendidas pelo próprio Xul Solar (2012), transpostas em seus *san signos*,[4] e o referido romance *O jogo das contas de vidro*, de Hermann Hesse (1971), em que o *Livro das mutações* surge detalhadamente valorizado e explicado, sobretudo nas páginas em que seu protagonista, o Magister Ludi, retira-se em viagem a fim de tomar lições do *Livro* com um mestre chinês.

Para além do documentado uso oracular, conforme mencionado, Clarice Lispector insere-se, assim, em uma tradição de leitura da obra chinesa que, múltipla, conjuga profícuas nuances éticas e estéticas.

Pairam por todo este livro as presenças do Clássico na obra clariciana, em especial as de ordem intuitiva, concernentes à compreensão e composição artísticas. A seguir, porém, seguem discriminados alguns momentos em que essa relação de correspondência se estabelece de maneira mais específica, quase direta; são eles os traços que abrem e fecham *A paixão segundo G.H.* e os escritos sobre o informe, a tartaruga e os números 7, 8 e 9.

Os números 7, 8 e 9

Em três excertos de escritos da autora, os números 7, 8 e 9 surgem anunciados como de esfera íntima e secreta. Isso ocorre na crônica "Você é um número" (Lispector, 1999a), publicada em 7 de agosto de 1971 no *Jornal do Brasil*, e em duas passagens de *Água viva* (idem, 1998a), de 1973.

No último parágrafo da crônica, que consiste em crítica a uma espécie de desumanização que o excesso de classificações numéricas pode causar, a escritora coloca:

---

4   Trata-se da obra *Los san signos: Xul Solar y el I Ching*, que conta com textos de conhecedores da obra de Xul, entre eles Borges, e traz os fac-símiles dos cadernos do pintor e escritor argentino nos quais constam os registros de suas meditações acerca do *Livro das mutações*.

CLARICE LISPECTOR E O CLÁSSICO CHINÊS I CHING

Figura 3.2 – Imagem do exemplar do *I Ching* que pertenceu à Clarice

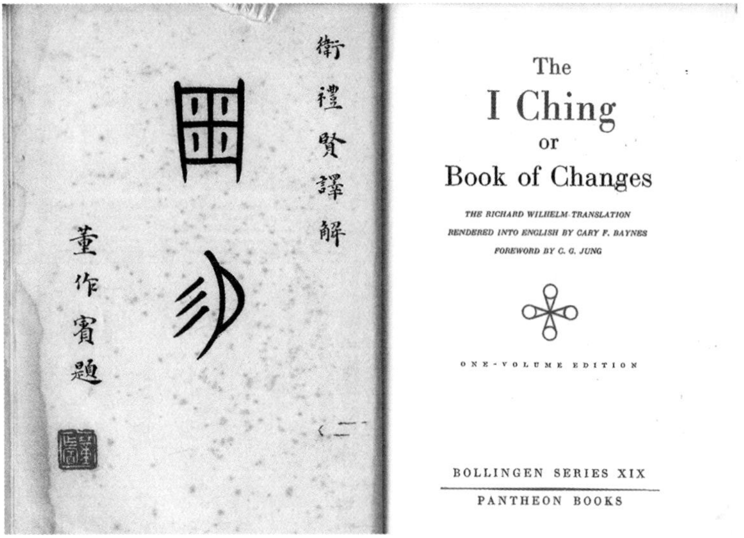

Foto: Instituto Moreira Salles / Acervo Clarice Lispector

Figura 3.3 – Folha de agenda com consulta de Clarice ao *I Ching*, em meio às páginas do exemplar da autora

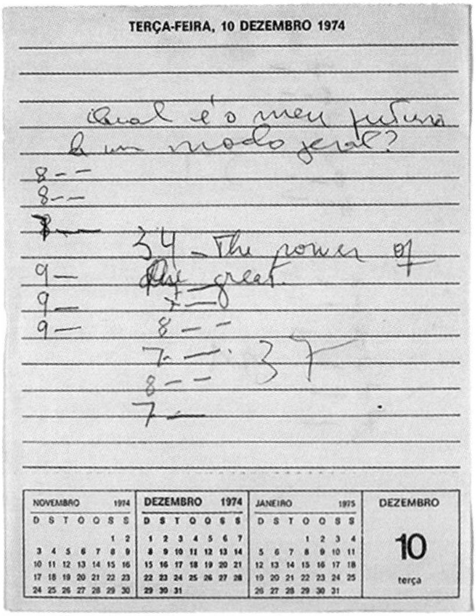

Foto: Instituto Moreira Salles / Acervo Clarice Lispector

CLARICE E O *I CHING*   97

Vamos ser gente, por favor. Nossa sociedade está nos deixando secos
como um número seco, como um osso branco seco exposto ao sol. Meu
número íntimo é 9. Só. 8. Só. 7. Só. Sem somá-los nem transformá-los
em novecentos e oitenta e sete. Estou me classificando como um número?
Não, a intimidade não deixa. Vejam, tentei várias vezes na vida não ter
número e não escapei. O que faz com que precisemos de muito carinho, de
nome próprio e de genuinidade. Vamos amar que amor não tem número.
Ou tem? (idem, 1999a, p.366)

Já em *Água viva*, em um início de parágrafo, a narradora declara:

Mas 9 e 7 e 8 são os meus números secretos. Sou uma iniciada sem
seita. Ávida do mistério. Minha paixão pelo âmago dos números, nos
quais adivinho o cerne de seu próprio destino rígido e fatal. E sonho com
luxuriantes grandezas aprofundadas em trevas: alvoroço de abundância,
onde as plantas aveludadas e carnívoras somos nós que acabamos de bro-
tar, agudo amor – lento desmaio. (idem, 1998a, p.30)

Algumas páginas adiante, no meio de um extenso parágrafo, tem-se
a repetição dessa mesma declaração, em estrutura frasal similar ao que se
viu na crônica "Você é um número", embora, em relação a ela, haja uma
alternância na sequência numérica:

Meu número é 9. É 7. É 8. Tudo atrás do pensamento. Se tudo isso
existe, então eu sou. (ibidem, p.41)

Os números 7, 8 e 9, ao lado do 6, são os algarismos com os quais se
identificam as linhas do *I Ching*, conforme esclarece Wilhelm, acerca das
linhas *yang* ("positivas") e *yin* ("negativas"), respectivamente:

[…] linhas positivas móveis são designadas pelo número 9 e linhas negativas móveis pelo número 6. As linhas que não são móveis funcionam
apenas como material de estruturação do hexagrama, sem um significado
intrínseco seu, e são representadas pelos números 7 (positivas) e 8 (negativas). (Wilhelm, 2006, p.6)

Assim, no *I Ching*, 6 e 8 representam a linha *yin*, "partida", "negativa", também conhecida como "maleável", enquanto 7 e 9 representam a linha *yang*, "inteira", "positiva", também conhecida como "firme"; no fluxo das mutações, a linha 6 se transforma em 9 e vice-versa, uma vez que são as únicas móveis.

Se nos valermos dessa associação entre os dois tipos de linhas e os quatro algarismos (o que pode ser visto na Figura 3.3, com anotação de consulta realizada por Clarice), essas referências numéricas presentes na citada crônica e em *Água viva* possibilitam-nos a identificação de dois trigramas do *I Ching*, cujas estruturações, assim como a dos hexagramas, se dão de baixo para cima. Nesses termos, a sequência 9, 8, 7 equivale ao trigrama Li, enquanto a sequência 9, 7, 8 equivale ao trigrama Tui, conforme representações a seguir:

Na direção do que afirmou Clarice na crônica "Você é um número", a edificação trigramática ou hexagramática se dá com o isolamento desses algarismos. Eles não se somam e não formam outra numeração, como, nos casos mencionados, 987 ou 978. Cada um, em específico, representa uma linha *yin* ou *yang*, que, reunidas, formam trigramas e hexagramas. Não obstante, nem a narradora de *Água viva* nem Clarice, na crônica, reitera-se, fazem menção ao conjunto de linhas do clássico chinês; ao contrário, as citadas sequências numéricas são apresentadas com o invólucro do mistério, ao serem tratadas como íntimas e secretas.

Do bestiário de Clarice: a tartaruga

São muitos os animais que compõem o bestiário da extensa produção clariciana. Dentre eles, cavalos, galinhas, baratas, cachorros e búfalo ocupam lugar de destaque, seja pela frequência com que aparecem, seja pela carga expressiva que carregam.

CLARICE E O I CHING

Outros ocupam posição ou apreciação mais pontual, como o coelho e o peixe – que protagonizam dois livros infantis da escritora – ou macacos, do conto homônimo de *A legião estrangeira* (Lispector, 1999b), ou ainda corujas, gatos e tartarugas, citados em crônicas publicadas no *Jornal do Brasil*. A tartaruga, animal que comporta importantes sentidos na China e no *Livro das mutações*, em específico, é citada em três crônicas da escritora, compondo referências tanto marginais, que afetam indiferença pelo animal, quanto relevantes, porque, em um segundo momento, retomadas em assumido interesse.

Na crônica "Bichos (1)", publicada em 13 de março de 1971, Clarice declara desinteresse pela tartaruga; dela destaca sua extrema antiguidade:

> Da lenta e empoeirada tartaruga carregando seu pétreo casco, não quero falar. Esse animal que nos vem da era terciária, dinossáurico, não me interessa: é por demais estúpido, não entra em relação com ninguém, nem consigo próprio. O ato de amor de duas tartarugas não deve ter calor nem vida. Sem ser cientista, aventuro-me a prognosticar que a espécie vai daqui a poucos milênios acabar. (idem, 1999a, p.333)

Já em 17 de abril do mesmo ano, no último parágrafo da crônica "Ao correr da máquina", a escritora volta a se reportar a tartarugas, confirmando sua ancestralidade e, dessa vez, acusando interesse em sobre ela saber e sobre ela escrever:

> Voltei. Estou agora pensando em tartarugas. Quando escrevi sobre bichos, disse, de pura intuição, que a tartaruga era um animal dinossáurico. Depois é que vim a ler que é mesmo. Tenho cada uma. Um dia vou escrever sobre tartarugas. Elas me interessam muito. Aliás, todos os seres vivos, que não o homem, são um escândalo de maravilhamento. Parece que, se fomos modelados, sobrou muita matéria energética e formaram-se os bichos. Para que serve, meu Deus, uma tartaruga? O título do que estou escrevendo agora não devia ser "Ao correr da máquina". Devia ser mais ou menos assim, em forma interrogativa: "E as tartarugas?" E quem me lê se diria: é verdade, há muito tempo que não penso em tartarugas. Agora vou acabar mesmo. Adeus. Até sábado que vem. (ibidem, p.342)

100 CLARICE LISPECTOR E O CLÁSSICO CHINÊS I CHING

Dentro de pouco mais de um mês, na crônica "Máquina escrevendo", de 29 de maio, Clarice reitera sua curiosidade pelo animal ao reescrever trecho da crônica em que o abordara e ao escrever a tradução do trecho de um livro sobre tartarugas que lhe fora emprestado, conforme ela própria relata na crônica:

> Já falei aqui sobre tartarugas. Escrevi o seguinte: [...].
> Esqueci de dizer que acho a tartaruga inteiramente imoral.
> Alguém, adivinhando que era falso meu não interesse por tartarugas, emprestou-me um livrinho sobre elas, em inglês. Eis um trecho traduzido desse livrinho:
> "As tartarugas são répteis raros e antigos. Seus ancestrais apareceram pela primeira vez há uns 200 milhões de anos, muito antes que os dinossauros. Enquanto estes animais grandes há muito tempo se extinguiram, as tartarugas, com sua forma estranha e sem beleza, conseguiram sobreviver, e têm permanecido relativamente imutáveis pelo menos durante 150 milhões de anos."
> Sem o casco, sem a cabeça, arfando, para cima, para baixo, para cima, para baixo. Com vida.
> Como compreender uma tartaruga? Como compreender Deus?
> O ponto de partida deve ser: Não sei. O que é uma entrega total. (ibidem, p.348)

O enfim declarado interesse de Clarice pelas tartarugas fica ainda marcado pela atmosfera de mistério que o envolve (ainda que de um mistério pinçado mais na irreverência do que na gravidade), oriunda, minimamente, de quatro fatores: das evasivas em torno desse interesse; da proximidade temporal com que a temática é retomada; de um interesse negado e depois assumido; da interrogação que parelha tartaruga e Deus.

O verbete "Tartaruga" que consta do *Dicionário de símbolos* traz, nos seguintes termos, a simbólica importância desse animal sobretudo para a antiga nação chinesa:

> Pela sua carapaça, redonda como o céu na parte superior – o que a torna semelhante a uma cúpula – e plana como a terra, na parte inferior, a tartaruga é uma representação do universo: constitui-se por si mesma

CLARICE E O *I CHING*   101

numa cosmografia; como tal, aparece no Extremo Oriente, entre os chineses e japoneses [...]. E, entre a cúpula e a superfície plana do seu casco, a tartaruga torna-se também a mediadora entre céu e terra. Por esta razão possui os poderes de conhecimento e de adivinhação: são conhecidos os processos de adivinhação da China antiga, baseados nos estudos dos estalidos provocados sobre a parte plana do casco da tartaruga (terra) pela aplicação do fogo. (Chevalier; Gheerbrant, 2008, p.868-869)

Vale lembrar que Murilo Mendes, em seu bestiário presente no "Setor Microzoo", de *Poliedro*, inicia justamente com referência chinesa a definição que traz acerca do animal: "A tartaruga vera e própria quase não existe: existe em sua carapaça. É com esta que, segundo os antigos chineses, a tartaruga sustenta o céu" (Mendes, 1972, p.9). No que diz respeito à história do *Livro das mutações*, consta que o imperador Fu Shi teria extraído os oito trigramas constitutivos do *I Ching* dos desenhos octogonais presentes no casco de uma tartaruga que ele observava. Ademais, o trigrama Li, por ser formado por uma linha *yin* (partida) entre duas *yang* (inteiras), conforme se viu no capítulo anterior, é simbolicamente associado aos animais que de algum modo guardam essa representatividade, de um elemento oco em seu interior, como é o caso da tartaruga.

O Aderir é o fogo, o sol, o raio, a filha do meio. Significa armaduras e elmos, lanças e armas. Entre os homens, refere-se aos que têm o ventre dilatado. É o signo do seco. Significa o jaboti, o caranguejo, o caracol, o molusco, a tartaruga. (Wilhelm, 2006, p.214)

A crônica "A geleia viva como placenta"

"A geleia viva como placenta" é o título de uma breve crônica que Clarice publicou em 29 de janeiro de 1972, no *Jornal do Brasil*. Nesse texto, de apenas quatro parágrafos, a escritora narra um insólito sonho que tivera, bem como as reflexões por ele suscitadas. As imagens que compõem o sonho minuciosamente descrito e os pensamentos subsequentes dialogam com o hexagrama 61 do *I Ching*, conforme já se adiantou.

Formado pelos trigramas Sun, a Suavidade, e Tui, a Alegria, o hexagrama em questão é composto por duas linhas contínuas acima e outras duas abaixo. Assim como o trigrama Li, seu centro é oco, aberto, vazio, porque composto por duas linhas *yin*, descontínuas. "O fator determinante neste hexagrama é o fato de ser vazio ao centro" (ibidem, p.504): é essa a consideração inicial de um dos dois textos do *I Ching* destinados a tratar do hexagrama Chung Fu, Verdade Interior (Figura 3.4).

Figura 3.4 – O hexagrama Chung Fu, Verdade Interior

"Esse sonho foi de uma assombração triste. Começa como pelo meio. Havia uma geleia que estava viva" (Lispector, 1999a, p.402). Assim Clarice principia sua crônica. Nota-se, de pronto, que "meio" é, portanto, o início do sonho da escritora, e o mote em torno do qual se dão as imagens e pensamentos desencadeados. No caso, "meio" é o sem contorno, é o informe, e as designações que recebe ao longo da crônica não deixam dúvidas acerca de sua similaridade com o vazio tal como representado pelo hexagrama 61. Motivo sabidamente caro à escritora, presente em obras centrais de sua produção literária, como *A paixão segundo G.H.* e *Água viva*, Clarice aqui o designa como "deformação essencial", "geleia primária", "atolado vivo", "coisa viva", "vida pura", "geleia elementarmente viva", "geleia viva como placenta" (ibidem, p.402, 403), enquanto o ideograma Fu (verdade), que nomeia o hexagrama 61, associa-se, por exemplo, segundo Wilhelm, à fecunda imagem do ovo:

[...] é a representação da pata de uma ave sobre seu filhote. Isso sugere a ideia de chocar. O ovo é oco. O poder vivificante do luminoso deve agir do exterior, mas é preciso que haja um núcleo de vida no interior para que ela possa ser despertada. (Wilhelm, 2006, p.185)

CLARICE E O *I CHING* 103

Enfim, é justamente de um assustador núcleo de vida, potencialmente presente em todas as coisas, que Clarice está tratando nas representações oníricas da crônica. O sonho consiste nessa visão de algo amorfo que, mirado pela escritora, reflete seu próprio rosto "mexendo-se lento na sua vida" (Lispector, 1999a, p.402). Horrorizada diante de sua deformação essencial, querendo fugir da geleia (sua semelhante), a escritora, em sonho, resolve saltar do último andar de um prédio, quando se depara com a consciência de existir um núcleo vital em absolutamente tudo, desde o batom que resolve passar no instante daquele que seria o gesto derradeiro até a escuridão que encontra quando prestes a se lançar lá de cima.

Mas antes de saltar do terraço, eu resolvia pintar os lábios. Pareceu-me que o batom estava curiosamente mole. Percebi então: o batom também era de geleia viva. E ali estava eu no terraço escuro com a boca úmida da coisa viva.

Quando já estava com os dois pés para fora do balcão, foi que vi os olhos do escuro. [...] A escuridão também era viva. Aonde encontraria eu a morte? A morte era geleia viva, eu sabia. Tudo é vivo, primário, lento, tudo é primariamente imortal. (ibidem)

Em cena ainda de viés angustiante, Clarice acorda antes que o ato se concretize: "Com uma dificuldade quase insuperável consegui acordar-me a mim mesma, como se eu me puxasse pelos cabelos para sair daquele atolado vivo" (ibidem). O alívio, em relação ao sonho, é saber-se em um quarto de "contornos firmes" (ibidem) (similar, note-se, ao contorno do hexagrama 61, fechado pelas quatro linhas *yang*). Alívio, porém, que não faz cessar a atmosfera de inquietação, ainda presente no último parágrafo da crônica:

Havíamos – continuava eu em atmosfera de sonho – havíamos endurecido a geleia viva em teto; havíamos matado tudo o que se podia matar, tentando restaurar a paz da morte em torno de nós, fugindo ao que era pior que a morte: a vida pura, a geleia viva. Fechei a luz. De repente um galo cantou. Num edifício de apartamentos, um galo? Um galo rouco. No edifício caiado de branco, um galo vivo. Por fora a casa limpa e por dentro o grito? Assim falava o Livro.[5] Por fora a morte conseguida, limpa, definitiva – mas por dentro a geleia elementarmente viva. Disso eu soube no primário da noite. (ibidem, p. 402-403).

Conforme lembra o sinólogo Wilhelm (2006), galo é o animal atribuído ao trigrama Sun, dado o caráter penetrante de seu canto, tal como o do vento, atributo de Sun. E justamente o seu canto surge representado na última das seis linhas do hexagrama 61:

> Nove na sexta posição:
> a) O canto do galo eleva-se até o céu.
> A perseverança traz infortúnio.
> b) "O canto do galo eleva-se até o céu".
> Como poderia durar muito tempo? (ibidem, p.507)

A fala do *Livro das mutações*, provável referência de Clarice no trecho final da crônica, é, na verdade, e no contexto das linhas chinesas, uma advertência ao leitor (daí a frase transcrita: "a perseverança traz infortúnio"). O canto de um galo, animal que deseja voar até o céu, mas não pode, seria, por isso, a indicação de uma desmedida; tal ambicionada exteriorização evidenciaria uma incompatibilidade com a verdade interior. Algo, portanto, a ser evitado.

Diferentemente, Clarice Lispector (1999a), no desfecho da crônica em questão, revela compreender aquilo sobre o que o Livro, nesse momento, adverte. Ou seja, para além do infortúnio indicado pelo livro chinês na sexta linha do hexagrama 61, Clarice, valendo-se da mesma imagem da linha (o canto de um galo), aponta para o paradoxo: a indissociação entre o de fora e o de dentro, entre a face gregária da condição humana, a urgência da organização que nos possibilita viver os dias, "restaurar a paz da morte em torno de nós", e a presença nuclear da "geleia elementarmente viva", da "vida primária", da "vida pura" (ibidem, p.402-403), em consonância, agora sim, com a ideia mais ampla do hexagrama segundo o próprio ideograma que o nomeia, relacionado à imagem de chocar. Retomemos Wilhelm (2006):

---

5 Provável menção ao *Livro das mutações*.

CLARICE E O *I CHING* 105

O ovo é oco. O poder vivificante do luminoso deve agir do exterior, mas é preciso que haja um núcleo de vida no interior para que ela possa ser despertada. Especulações muito amplas podem ser associadas a essas ideias. (ibidem, p.185)

Disso Clarice soube no primário da noite. Ela, que ao ovo dedicou a nação chinesa,[6] em um de seus contos mais misteriosos e emblemáticos, "O ovo e a galinha".

Os seis traços iniciais e finais de *A paixão segundo G.H.*

Na primeira nota à edição crítica de *A paixão segundo G.H.*, Benedito Nunes (1996) identifica os seis traços que abrem e fecham o romance como um recurso estilístico semelhante à vírgula e aos dois pontos usados no início e no final de *Uma aprendizagem ou o Livro dos prazeres*, romance posterior da escritora, publicado em 1969. Em *A paixão segundo G.H.*, "os travessões", segundo Nunes, "marcam a ruptura de G.H. com seu mundo"; em *Uma aprendizagem*, "a pontuação inusitada e o movimento circular da narrativa revelam como Clarice Lispector alcança os limites das normas de enunciação e cria uma estrutura semântica complexa" (ibidem, p.9). Ao lado dessa pertinente leitura, o que nos parece coerente acrescentar é que no romance *A paixão segundo G.H.*, em específico, os seis "travessões" podem ser cifra das complexas representações das "linhas" (*yin* e/ou *yang*) constitutivas dos hexagramas do *I Ching*. Isso porque, concretamente, Clarice dispôs no espaço, horizontalmente, seis linhas que, na vertical e tomando-se como base o *Livro das mutações*, formariam o hexagrama 1, o Criativo. Esse hexagrama tem, como alguns de seus complexos atributos, a energia, o tempo e o movimento, aquilo que, portanto, não tem forma definida, e que representa também origem e duração:

[...] sua imagem é o céu. Sua força nunca é limitada por condições determinadas no espaço e por isso é concebida como movimento. O tempo é

---

6 "Ao ovo dedico a nação chinesa" (Lispector, 1999a, p.52)

106 CLARICE LISPECTOR E O CLÁSSICO CHINÊS I *CHING*

a base desse movimento. Portanto, o hexagrama inclui também o poder do tempo e o poder de persistir no tempo, ou seja, a duração. (Wilhelm, 2006, p.29)

A partir da perspectiva de leitura aqui adotada, aventa-se a hipótese de que, cifradamente, Clarice Lispector (1996) localizou sua narrativa entre doze linhas, seis ao início, seis ao final, como símbolos, ou cifras, da origem e da duração da obra. Seu primeiro parágrafo atesta justamente a busca por um princípio, por um início; trata-se, nós o sabemos, da tormentosa busca pela forma, pelo modo de se instaurar o ato de narração, tributário da compreensão de sua experiência mística:

– – – – – – estou procurando, estou procurando. Estou tentando entender. Tentando dar a alguém o que vivi. (ibidem, p.9)

Em contrapartida, seus dois últimos parágrafos atestam a duração, resultante da brandura a que se chegou, da aceitação tácita de um não entendimento:

Eu estava agora tão maior que já não me via mais. Tão grande como uma paisagem ao longe. Mas perceptível nas minhas mais últimas montanhas e nos meus mais remotos rios: a atualidade simultânea não me assustava mais, e na mais última extremidade de mim eu podia enfim sorrir sem nem ao menos sorrir. Enfim eu me estendia para além de minha sensibilidade.

O mundo independia de mim – esta era a confiança a que eu tinha chegado: o mundo independia de mim, e não estou entendendo o que estou dizendo, nunca! Nunca mais compreenderei o que eu disser. Pois como poderia eu dizer sem que a palavra mentisse por mim? Como poderei dizer senão timidamente assim: a vida se me é. A vida se me é, e eu não entendo o que digo. E então adoro. – – – – – – (ibidem, p.115)

Correlata da duração (atributo do Criativo), nesse caso, seria a imagem de uma extensa "atualidade simultânea" de que, agora sem susto, fala G.H., a mesma que, no início da história, afirma ser a carne infinita uma visão dos loucos ("Uma forma contorna o caos, uma forma dá

CLARICE E O *I CHING* 107

construção à substância amorfa – a visão de uma carne infinita é a visão dos loucos [...]" (ibidem, p.11).

E se, ainda, a complexa constituição artística, segundo o *Livro das mutações*, consiste no instante em que o "fluir do tempo é captado e revestido de forma" (Wilhelm, 1995, p.46), tal como se viu anteriormente, em torno do hexagrama P'i (resultante da mutação do hexagrama T'ai, formado, justamente, pelos trigramas Céu e Terra), Clarice, à sua maneira simbólica, ao deitar no horizonte doze linhas e entremeá-las com uma narrativa, estaria operando a junção entre espaço e tempo, em cujo exato meio, ou núcleo, estaria então a obra. Reforçando-se, um dos atributos centrais do trigrama Terra é o espaço, enquanto do trigrama Céu, como se tem visto, é o Tempo.

Ettore Finazzi-Agrò, na leitura comparativa que fez entre o romance de Clarice e o de Guigo Morselli, *Dissipatio H.G.*, identifica nas contíguas iniciais da protagonista, G.H., uma nuclearidade em relação às letras C e L, em virtude das posições que elas ocupam no abecedário. Saltando-se três letras de cada lado, direita e esquerda, chega-se de CL a G.H., o núcleo. Assim, a análise "criptográfica" do diagrama atesta, segundo Finazzi-Agrò, "a dupla projeção (do *nomen* ao *genus* e vice-versa) nele ocultada" (Finazzi-Agrò apud Sousa, 2012, p.568).

Com o amparo do *I Ching* e dessa leitura de que entre as iniciais do nome da autora estão as da personagem, fica a proposição também da presença da obra entre as junções, simbólicas, de espaço e tempo, ou melhor, da materialização do fluir do tempo.

A propósito, retome-se aqui a semelhança entre a fala de Rodrigo SM e uma das etapas do processo de mutação do hexagrama T'ai no hexagrama P'i. Neste: "[...] o fluir do tempo foi captado e revestido de forma" (Wilhelm, 1995, p.46); no romance: "[...] captei o espírito da língua, assim, às vezes a forma é que faz conteúdo" (Lispector, 2006, p.18). Se a captação do fluir do inefável só pode se dar mediante um revestimento que a permita, é como se a obra, "nuclear" às doze "linhas", tivesse se formado a partir delas. Em outras palavras: é como se as linhas metaforizassem o contorno, ou o enformamento, da obra, do conteúdo a ser sequencialmente constituído.

Figura 3.5 – A nuclearidade das iniciais do nome da protagonista de *A paixão segundo G.H.* em relação às do nome da escritora

[...] $\boxed{\text{C}}$ D E F $\boxed{\text{G} \quad \text{H}}$ I J K $\boxed{\text{L}}$

      – – –   – – –
      3 2 1   1 2 3

Figura 3.6 – A nuclearidade do romance em relação às seis linhas que o abrem e o fecham

– – – – – – $\boxed{PSGH}$ – – – – – –
1 2 3 4 5 6   1 2 3 4 5 6

CAPÍTULO 4

Do dorso à cauda do tigre
Trilhando uma rosácea de convergências

Benedito Nunes (2009c) analisou o ciclo místico completado pela personagem G.H., bem como o inevitável misticismo da linguagem lançado na escrita desse percurso. Em alguns momentos de sua análise, como se verá, Nunes (ibidem) destaca a mística oriental chinesa, sem, contudo, abordar o *I Ching: o livro das mutações*. O crítico faz referência ao *Tao te King*.

As origens tanto do *Livro das mutações* quanto do *Tao te King* remontam ao antigo período dos Reinos Combatentes, que antecedeu a unificação da China. A autoria dessa obra, também conhecida como *Livro das virtudes*, é atribuída a Lao Tse; segundo a tradição, o livro é a principal fonte do taoismo, corrente do pensamento chinês que também tem no *I Ching* uma de suas referências, conforme se viu no Capítulo 2 e, além disso, conforme contextualiza o sinólogo François Cheng (2007), ao abordar a imprescindibilidade de considerar a cosmologia chinesa no ato de interpretação da antiga arte da China, sobretudo da poesia:

> Parece-nos imprescindível examinar um aspecto fundamental, a saber, a cosmologia chinesa, na medida em que ela dá à poesia, bem como às outras artes, sua plena significação. [...] De fato, nos diferentes níveis de sua estrutura, a linguagem poética chinesa utiliza conceitos e procedimentos que se referem diretamente à cosmologia. [...] A cosmologia tradicional passou por um longo desenvolvimento, mas o essencial já estava presente no *I Ching, o Livro das mutações*. Nos períodos das Primaveras e Outonos e dos Reinos Combatentes, entre os séculos VI e IV, antes de

110 CLARICE LISPECTOR E O CLÁSSICO CHINÊS I *CHING*

nossa era, as duas principais correntes de pensamento, confucionismo e taoísmo, referiam-se ao *I Ching* a fim de elaborarem sua concepção do Universo. (ibidem, p.34, tradução nossa)

Nas palavras do sinólogo, o que naturalmente fundamenta a necessidade de considerar a cosmologia chinesa quando da leitura da poesia da Antiguidade é o papel sagrado outorgado a ela na China – papel que "consiste em nada menos do que revelar os mistérios ocultos da Criação" (ibidem, tradução nossa). De modo geral, é a representação desse mesmo feitio, espiritual, de *A paixão segundo G.H.* – cuja protagonista está às voltas com a misteriosa identidade das coisas, com o nó vital que liga todas as coisas – que levou Nunes (2009c) à abordagem da mística ocidental e oriental quando de uma de suas análises do romance. Em razão de algumas peculiaridades do mergulho da personagem, as quais se retomará mais adiante, o crítico chega a destacar, em suas abordagens comparativas, a semelhança maior entre o que se passa com G.H. e a mística oriental, sobretudo a chinesa. Se nesse ensejo Nunes (ibidem) não citou o *Livro das mutações*, circundou-o ao abordar o misticismo em Clarice tal como fez. Diante disso e do que até então foi aqui trilhado, caminhamos agora sobre espaços vazios da análise de Nunes (plenos de sentido) nos quais textos do *I Ching* poderiam entrar, principalmente no que concerne ao decorrente misticismo da escrita de Clarice.

Em *O dorso do tigre*, no capítulo "A experiência mística de G.H.", ao contrapor a náusea vivida pelo personagem Roquentim, do romance *A náusea*, de Jean-Paul Sartre, àquela vivida por G.H., Nunes (2009c, p.102) destaca o caráter espiritual da experiência vivida pela personagem de Clarice. Enquanto a náusea sartriana, segundo argumenta, é marcada por um processo de humanização, circunscrita, tão somente, a uma experiência-limite de nossas possibilidades, reveladora de uma realidade de caráter "subterrâneo" quando comparada às potencialidades (construtivas e destrutivas) da consciência humana, a náusea descrita no romance de Clarice desencadeia em G.H. um impulso "primitivo" e "mágico" de participação, identitária, em uma vida universal, no fluxo da existência comum a ela e à barata, em tudo diferente da banal individualidade cotidiana na qual se encontrava. No romance de Lispector, a náusea, despertada pela visão do inseto, e recrudescida com seu esmagamento, vem,

DO DORSO À CAUDA DO TIGRE 111

então, acompanhada de "uma força mágica e extra-humana" (ibidem, p.104), configurando experiência indizível e conflitante, em muitos pontos semelhante à união com o absoluto buscada pelos místicos. A força levada a seu paroxismo nesse romance estava presente desde o primeiro, conforme afirma Nunes: desde *Perto do coração selvagem*, Clarice "vislumbra a ação de potências irracionais, cósmicas, por sob a capa dos sentimentos comuns e dos 'laços de família'" (ibidem, p.103).

Em sua argumentação, Nunes (ibidem) cita a mística ocidental e oriental, mas identifica na ascese chinesa e na hindu valorizações maiores de etapas desse processo. O processo é o do contato com a graça divina, com o deus, com o absoluto, com o núcleo da vida, com o inominável, conquistado a partir do esvaziamento da mente, da purificação dos sentidos, da mortificação dos desejos, do silenciamento das impressões sensíveis exteriores.

Quem viveu até o fim o caminho da ascese [observa Nunes] seja o autor de *Bhagavad-Gita*, seja o sábio que escreveu os versos do *Tao-Te-king*, chame-se São João da Cruz, Teresa d'Ávila ou Mestre Eckhart, experimenta a perda de sua própria individualidade. É o momento do rapto da alma, do desprendimento do Eu. Descrito de diferentes modos pelas correntes místicas tradicionais, esse instante, que precede o êxtase, é aflitivo, cheio de hesitações, de dúvidas e de acerba angústia. (ibidem, p.104)

Etapa intermediária desse percurso, o vazio da alma une-se ao vazio que marca a percepção por tudo que é de fora, e "os dois completam-se na primeira e aflitiva experiência de participação no Nada". Conforme completa Benedito Nunes, comparativamente: "Valorizada muito mais pela ascese hindu e chinesa do que pela cristã, a fase do deleite abismal é vivida por G.H." (ibidem, p.105).

Essa fase, essencialmente solitária, é, então, aquela marcada pelo completo esvaziamento de tudo aquilo que G.H. denomina como "sentimentário": o humano, a esperança, a beleza, o ético, o amor. Trata-se de um momento absolutamente singular em que as forças do Bem e do Mal já não oferecem qualquer sentido. Como alguns exemplos, Nunes arrola as duas passagens a seguir:

112 CLARICE LISPECTOR E O CLÁSSICO CHINÊS I *CHING*

Estou de novo indo para a mais primária vida divina, estou indo para um inferno de vida crua. Não me deixes ver porque estou perto de ver o núcleo da vida – e, através da barata que mesmo agora revejo, através dessa amostra de calmo horror vivo, tenho medo de que nesse núcleo eu não saiba mais o que é esperança. Eu chegara ao nada, e o nada era vivo e úmido. (Lispector, 1996 apud ibidem)

Essa fase do deleite abismal, observa o crítico, é enfim mais cara à mística oriental do que à ocidental, uma vez que para a mística do Ocidente o refrigério da visão beatífica (atingida sob a forma de união transfiguradora) sobrepõe-se ao caótico estado de vazio; como exemplo, Nunes cita o *Tao te King*:

As tradições bramânicas e taoistas, nesse particular mais afins com a ascese filiada à gnose, ao catarismo e às correntes heterodoxas da mística especulativa do cristianismo (séculos XIII e XIV), privilegiaram esse momento de quietude ou de passividade, no qual se detém G.H., face a face com a "bruta e crua glória da natureza", com "a vida primária", anterior ao humano, com a "realidade neutra", inexpressiva, insípida, que é aquele estado sem nome, existente antes da criação, do qual fala o *Tao- -Te-King*. (Nunes, 2009c, p.106)

Com efeito, reforça Nunes, "o ciclo da ascese mística de G.H." passa-se, quase completamente, no plano da "coisa em si", no qual, a princípio, o divino é o informe, o caótico, e tal estado é "êxtase orgíaco, frenesi de magia negra, alegria de Sabath, que consiste na alegria de perder-se". (ibidem)

Eu entrara na orgia do Sabath. Agora sei o que se faz no escuro das montanhas em noites de orgia. Eu sei! Sei com horror: gozam-se as coisas. Frui- -se as coisas de que são feitas as coisas – esta é a alegria crua da magia negra. Foi desse neutro que vivi – o neutro era o meu verdadeiro caldo de cultura. Eu ia avançando, e sentia a alegria do inferno. (Lispector, 1996 apud ibidem)

A esse êxtase que toma conta de G.H. durante grande parte da narrativa segue-se o contato com o Nada, com uma "quietude compungida", que Nunes (2009c) aproxima do misticismo especulativo de Eckhart.

DO DORSO À CAUDA DO TIGRE   113

O crítico identifica, ainda, convergências entre o misticismo de G.H. e
a doutrina *advaita* do hinduísmo, um pensamento do *Mundaka Upa-
nishad*, outro de *Bhagavad-Gita* e a uma tradição de ideia, que remonta
aos pré-socráticos, passando pelos místicos especulativos dos séculos
XIII e XIV, vinda à luz, às vésperas do Renascimento, por Nicolau de
Cusa.

A abordagem dessa aventura espiritual de G.H., ainda presente, conforme apenas assinala Nunes, "na concepção do estado de graça, exis-
tindo permanentemente, e da esperança, não como expectativa, mas
como a certeza de que já participamos de uma vida divina" (ibidem,
p.109-110), e sintetizada já no título do romance, conduzem o autor a
uma afirmação conclusiva que aqui deve receber destaque. A imaginação poética da escritora, fortalecida por sua natureza meditativa e mesmo
especulativa, e por sua peculiar condução de escrita, revela apropriar-se
de intuições muito antigas do pensamento místico-religioso. Nas palavras do crítico:

> [...] a tendência de CL para a meditação e mesmo para a especulação, já
> poderosamente afirmada em *A maçã no escuro*. A imaginação poética da
> romancista, que a intenção especulativa revigora, apropria-se de algumas
> intuições fundamentais, historicamente consagradas, do pensamento
> místico-religioso. São essas intuições que reaparecem, aqui e ali, perfei-
> tamente assimiladas à sua experiência criadora, trazendo a marca pessoal
> que a escritora lhes imprimiu. (ibidem, p.108)

Sobre esse tipo de apropriação intuitiva observado por Nunes, é pertinente aproximar uma passagem de um dos textos que compõem as "Dez
Asas" do *I Ching*, ao lado da análise de Wilhelm (2006). O texto diz:

> A transformação e a adaptação das coisas umas com as outras de-
> pendem das mutações. O estimular e pôr em movimento das mesmas
> dependem da continuidade. A espiritualidade e a clareza dependem do
> homem correto. A plenitude silenciosa, a confiança sem palavras, depen-
> dem da conduta virtuosa. (ibidem, p.247-248)

Sobre a essência desse breve texto, o sinólogo pondera e assevera:

O problema é saber se, dada a falibilidade de nossos meios de compreensão, há alguma possibilidade de um contato para além dos limites do tempo; se uma época posterior pode compreender a uma anterior. Com base no *Livro das mutações*, a resposta é afirmativa. É certo que a palavra e a escrita são transmissoras imperfeitas de pensamentos. Mas através das imagens – diríamos das "ideias" – e do estímulo que elas contêm é posta em movimento uma força espiritual cuja ação transcende os limites do tempo. Quando encontra o homem certo, aquele que, interiormente, se colocou em contato com o Tao, pode ser por ele de imediato acolhida, e redespertada à vida. Essa é a ideia de uma interligação sobrenatural entre os eleitos de todas as épocas. (ibidem, p. 248)

Conforme consta no Capítulo 2, Clarice lançou mão, no preâmbulo de G.H., de uma imagem absolutamente coincidente com aquela do hexagrama 22 do *Livro das mutações*, a do fogo na base da montanha. A despeito das evidências de que Clarice fora leitora do *I Ching*, fica aqui a ênfase a uma apropriação intuitiva de elementos estéticos.

Diante disso, o modo como Nunes (2009c) aquilata o ciclo místico de G.H. é de uma cuidadosa precisão que se clarifica ainda mais ao lado dessa citada passagem das "Dez Asas". E ambas as colocações afins – a de Nunes (ibidem) acerca de Clarice, a do *I Ching* acerca do "homem certo" e da transcendência do tempo – não explicam, mas, enfim, ilustram uma específica "apropriação de intuição" da escritora, seguida de sua marca pessoal de criação; trata-se das semelhanças entre o hexagrama 22 (sua imagem e suas linhas que, como se viu, versam sobre o lugar da beleza na obra de arte) e a imagem da nebulosa de fogo subindo e esfriando-se em terra, utilizada por G.H. como figuração de sua rendição à escrita, bem como as colocações da personagem, ao longo do romance, sobre o papel da beleza, do bom gosto, na sua linguagem e na sua vida.

Em *O drama da linguagem*, no ensaio "O itinerário místico de G.H.", Benedito Nunes (1995) estabelece uma pertinente relação entre a experiência mística que compõe o romance e sua linguagem, e também essa relação poderia ser acrescida de colocações do ou sobre o *Livro das mutações*. Nunes afirma:

DO DORSO À CAUDA DO TIGRE   115

A experiência de G.H., que procuramos circunscrever em seu aspecto confessional, abstraindo as circunstâncias da narrativa, é uma experiência multívoca. A via mística, eixo dessa experiência em torno da qual a ação romanesca se esquematiza, é uma via aberta a múltiplos temas, como a linguagem e a arte, entramados ao da busca espiritual, e que são fundamentais ao desenvolvimento da narrativa. [...]
Podemos pois distinguir, em *A paixão segundo G.H.*, uma pauta do discurso que versa sobre o tema da arte e da linguagem – pauta transversal à outra, parateológica, contendo a prática meditativa sobre Deus e a existência, da qual nos ocupamos anteriormente. A primeira indica-nos o movimento da própria narrativa na direção do inexpressivo, figurado pela mesma realidade nua, vazia e silente. (ibidem, p.71-72)

Os temas da arte e da linguagem exemplificados pelo crítico coincidem com algumas afirmações de G.H. sobre a premência de despojar--se da beleza, uma vez que esta, "irradiação de palavras" (ibidem, p.72), diverge da almejada busca pelo inexpressivo que se dá através, justamente, de uma "depuração antiestética da própria arte" (ibidem).
Assim, a convergência mística entre a narrativa primeira (a experiência ascética de G.H.) e a sua narração – que se dá valendo-se de pautas como a arte e a linguagem – é, na abordagem de Nunes, o esvaziamento comum pelo qual passam a narradora autodiegética e, consequentemente, a história a qual narra:

> Na trajetória da ascese, que levaria do pessoal ao impessoal, o eu sacrificado da personagem, como sujeito de uma experiência de natureza mística, é o mesmo eu como sujeito emissor da narração, uma vez que nesse romance em primeira pessoa o narrador e a personagem formam uma só e mesma instância. O sujeito que narra é o sujeito que se desagrega. E à medida que narra sua desagregação, e se desagrega enquanto narra, o sentido de sua narrativa vai se tornando fugidio. A metamorfose de G.H., que ela própria relata, é concomitantemente a metamorfose da narrativa. A primeira metamorfose, no rumo da experiência mística, se dá como perda da identidade pessoal; a segunda, no rumo do silêncio que a busca do inexpressivo impõe, dá-se como perda de identidade da própria narrativa. Ambas se produzem como um esvaziamento da alma e da narrativa: a alma desapossada do eu e a narrativa, de seu objeto. (ibidem, p.75)

Ou seja, na formulação comparativa de Nunes (ibidem), a face mística também presente nas outras direções assumidas pela narrativa (como os referidos temas) configura-se como espelhamento, reflexo inevitável, da experiência mística vivida pelo sujeito que conta da trajetória. Em outras palavras, o misticismo que toma conta da narrativa que também traz em sua narração as pautas "arte" e "linguagem" é uma conversão do misticismo da experiência que figura no primeiro plano da narração, cuja natureza se debate com a pobreza da palavra diante da coisa (a ser) dita. Trata-se do que Nunes identificou como "paradoxo egológico" do romance: "a narração que acompanha o processo de desapossamento do eu, e que tende a anular-se justamente com este, constitui o ato desse mesmo eu, que somente pela narração consegue reconquistar-se" (ibidem, p.76).

O que aqui se propõe, em acréscimo, é que, nessa inevitabilidade reflexiva, existem figurações do misticismo do *I Ching* no tocante às pautas sobre arte e linguagem do romance. Isso porque a força do ato de narração por parte de G.H., imersa nesse "drama da linguagem", dá-se na rendição a ele, rendição metaforizada pela imagem da nebulosa de fogo subindo, sozinha, e esfriando-se em terra. Conforme já se mostrou e se reiterou, essa figuração, presente no preâmbulo do romance, coincide com a imagem do hexagrama 22, que trata da arte e cujas linhas ascendem à espiritualização, além de a mutação, da qual o hexagrama resulta, representar o exato momento da criação artística.

Acerca disso, faz-se importante retomar, aqui, a análise de Wilhelm sobre a última linha do hexagrama:

O poeta chinês T'ao Yüan Ming possuía uma cítara sem cordas. Ele passava a mão por seu instrumento, dizendo: "Só a cítara sem cordas pode expressar as derradeiras emoções do coração". Pois na China, tocar cítara é considerado a arte suprema, a expressão da alma, quando ressoam os sons que já deixaram de soar. Uma vez tocada a nota, os dedos acariciam as cordas, criando vibrações que já não se podem ouvir com os ouvidos. Mas quando os amigos se reúnem, cada qual transmite aos outros as emoções de seus corações através desses sons inaudíveis. As linhas, as orientações, a coordenação modeladora da arte, passam aqui da esfera visível ao âmbito do invisível. Onde elas começam a desaparecer, onde o transitório se converte em símbolo, onde o insuficiente, o inalcançável se torna um

DO DORSO À CAUDA DO TIGRE   117

fato, é o momento em que a arte chinesa ingressa na eternidade, irrompe no reino celestial. (Wilhelm, 1995, p.56)

Essa passagem do poeta Ming tomada de empréstimo por Wilhelm (ibidem) para se referir ao sentido místico da última linha do hexagrama 22 condensa dois aspectos, notórios, de *A paixão segundo G.H.*: de um lado, seu referido "paradoxo egológico" (tal como tocar um instrumento sem cordas), de outro, o apaziguamento final desse paradoxo, tão tormentoso sobretudo no início da narrativa. Conforme se mostrou no Capítulo 2, a inquietude de G.H. diante da dificuldade em expressar o inexprimível vai cedendo espaço à confiança diante da largueza do indizível – desconhecido. É isso o que se vê claramente nos últimos parágrafos do romance, quando a personagem anuncia, enfim, poder sorrir sem sorrir, tal como – arte suprema chinesa – fazer ressoar os sons que já deixaram de soar.

Eu estava agora tão maior que já não me via mais. Tão grande como uma paisagem ao longe. Mas perceptível nas minhas mais últimas montanhas e nos meus mais remotos rios: a atualidade simultânea não me assustava mais, e na mais última extremidade de mim eu podia enfim sorrir sem nem ao menos sorrir. Enfim eu me estendia para além de minha sensibilidade. O mundo independia de mim – esta era a confiança a que eu tinha chegado: o mundo independia de mim, e não estou entendendo o que estou dizendo, nunca! Nunca mais compreenderei o que eu disser. Pois como poderia eu dizer sem que a palavra mentisse por mim? Como poderei dizer senão timidamente assim: a vida se me é. A vida se me é, e eu não entendo o que digo. E então adoro. – – – – – (Lispector, 1996, p.115)

Da paixão à compaixão: um percurso figurativo da Aderência

Caminha-se agora pela proposição de outra plausível aproximação, agora mais terminológica, entre a crítica de Nunes (2009b) e o *I Ching* no que diz respeito, estritamente, aos deslizes analógicos de sentido do trigrama Li (constitutivo, como se viu, do hexagrama 22) e à análise do

118   CLARICE LISPECTOR E O CLÁSSICO CHINÊS I *CHING*

crítico sobre a transfiguração do *pathos* processada entre o romance *A paixão segundo G.H.* e *A hora da estrela*.

Tendo no *pathos* um eixo, Benedito Nunes (ibidem) estabeleceu uma contiguidade entre o que se passa com a linguagem em *A paixão segundo G.H.* e a transfiguração processada entre Rodrigo SM e Macabéa, em *A hora da estrela*. Segundo ele, essa contiguidade consiste na transmutação, entre os dois romances, da paixão em compaixão. E o fio condutor desse processo é a linguagem. O fracasso da linguagem vivenciado por G.H. em contar a experiência ascética pela qual passara é resolvido pela submissão à própria linguagem, por uma rendição ante esse fracasso, pela via do padecimento, de sujeição ao sagrado, do *pathos* da escrita, como se viu. Já em *A hora da estrela*, transposta essa dificuldade, a relação que Rodrigo SM estabelece com a história a ser narrada, e com sua personagem, converte-se em propalada compaixão. Ao mesmo tempo que, adiando, narra dificuldades em dar início à história, Rodrigo SM valoriza o fato de que o que irá escrever já está, de alguma forma, inscrito nele (Lispector, 2006, p.21), restando-lhe preocupação e culpa em relação essencialmente à Macabéa, de quem não consegue mais se livrar, uma vez que a nordestina se lhe "grudou na pele qual melado pegajoso ou lama negra" (ibidem, p.22).

Com efeito, a compaixão sentida por ele impulsiona sua narração:

> Quanto à moça ela vive num limbo pessoal, sem alcançar o pior nem o melhor. Ela somente vive, inspirando e expirando, inspirando e expirando. Na verdade – para que mais que isso? O seu viver é ralo. Sim. Mas por que estou me sentindo culpado? E procurando aliviar-me do peso de nada ter feito de concreto em benefício da moça. (ibidem, p.25)

Nas palavras de Nunes (2009b), *A paixão segundo G.H.*, que revolveu e uniu "os mais remotos veios do *pathos* à sedução e ao fascínio da escrita",

> [...] ultimar-se-á em *A hora da estrela* na identificação da narradora com Macabéa. *A hora da estrela* é o prolongamento daquele capítulo inédito da história do romance como retorno do místico ao ético. Nesse novo "momento de verdade", a paixão de Clarice Lispector torna-se compaixão; o *pathos* solitário converte-se em simpatia como forma de

DO DORSO À CAUDA DO TIGRE

padecimento comum, unindo até o extremo da morte, *in extremis*, a narradora com a moça nordestina anônima. (ibidem, p.319)

A essa análise de Nunes (ibidem), dos romances claricianos de 1964 e 1977 como exemplares de uma escrita que vai do sofrimento e da rendição solitários (diante da linguagem) ao padecimento comum (junto do outro), parece lícito avizinhar a plurissignificação da Aderência (levantada no segundo capítulo). No terreno da ficção, a mais íntima união (aderência) com Macabéa *sentida* por Rodrigo SM figura a saída para seu pressionado ato de narração acerca da história da nordestina; antes, a união (por meio de segurar-lhe a mão) com um tu imaginário *necessitada* por G.H., logo após sua rendição à linguagem, é um dos expedientes (ao lado justamente da metáfora do fogo esfriado em terra) que figuram a saída para seu tormentoso ato de narração acerca de um episódio de sua própria história. Da necessidade, solitária, de uma presença a uma presença já estabelecida, sentida – representações resolutivas da busca por narrar e da obrigação de fazê-lo –, a Aderência, possuindo de fato esses significados afins, opera no percurso da paixão à compaixão tal como este foi identificado e analisado por Benedito Nunes (ibidem).

Uma nota sobre a condução de uma escrita simbólica

A leitura dos antigos textos do *I Ching* nos permite notar, em um primeiro momento, que é com palavras cifradas, essencialmente simbólicas, que se visa a esclarecer os atributos, ainda mais cifrados, de suas imagens. Nota-se, também, que os hexagramas são acompanhados por textos bastante fragmentados que sugerem estranhamento ou incongruência, fazendo-se, assim, obscuros. Tome-se como exemplo o hexagrama 30, Aderir, cuja imagem é fogo sobre fogo (Figura 4.1).

Para um leitor não habituado às complexas associações simbólicas que compõem trigramas e hexagramas, o que se depreende de tal leitura, inicialmente, é uma espécie de mosaico figurativo, metafórico, cujas partes (Julgamento, Imagem e Linhas) seguem uma unidade temática sem se ligarem por uma unidade de sentido aparente. Não são imediatas as relações de significado dos núcleos textuais que

Figura 4.1 – O hexagrama Li, o Aderir

30. LI / ADERIR (FOGO)

Acima LI, O ADERIR, FOGO.
Abaixo LI, O ADERIR, FOGO.

Julgamento
ADERIR. A perseverança é favorável.
Ela traz o sucesso.
Cuidar da vaca traz boa fortuna.

Imagem
A clareza eleva-se duas vezes: a imagem do FOGO.
Assim, o homem superior, perpetuando essa clareza,
Ilumina as quatro regiões do mundo.

Linhas
Nove na primeira posição significa:
As pegadas se entrecruzam.
Se o homem se mantém sério, nenhuma culpa.

Seis na segunda posição significa:
Luz amarela. Suprema boa fortuna.

Nove na terceira posição significa:
Sob a luz do sol poente
Os homens ou batem no caldeirão e cantam,
Ou suspiram em voz alta à aproximação da velhice.
Infortúnio.

Nove na quarta posição significa:
Sua chegada é repentina;
Inflama-se, extingue-se, é jogado fora.

O seis na quinta posição significa:
Em prantos, suspirando e lamentando.
Boa fortuna!

Nove na sexta posição significa:
O rei o utiliza para marchar adiante e castigar.
O melhor será então matar os líderes
E aprisionar seus seguidores.
Nenhuma culpa.

Fonte: Wilhelm, 2006

DO DORSO À CAUDA DO TIGRE

se sucedem: cuidar da vaca; iluminação das quatro regiões do mundo; entrecruzamento de pegadas; luz amarela; felicidade ou lamento diante da luz do sol poente; chegada e partida repentinas; choro, lamento e boa fortuna; a marcha do rei, os castigos empregados, a morte dos líderes, o aprisionamento dos seguidores.

Em muitos escritos, é esse um dos traços estilísticos de Clarice, uma unidade temática fazendo-se ao largo de uma unidade de sentido patente. Sobretudo em *O drama da linguagem* e em *O dorso do tigre*, Nunes (1995, 2009c) empreendeu profundas análises acerca da linguagem da autora, mas pontualmente na nota filológica à edição crítica do romance, sob a metáfora da música e apoiado nas próprias declarações da escritora sobre seu método "caótico" de produção, o crítico faz uma consideração sobre isso bastante similar à cifrada fragmentação que também caracteriza a construção de sentido dos textos do *Livro das mutações*.

Era um método semelhante ao de certas criações musicais que desabrocham em torno de um ou dois temas, conduzindo a linhas diferentes de variações numa só tonalidade. Assim, um estado interno, uma impressão, uma situação, uma figura humana suscitavam o movimento da escrita, o qual se desenvolvia sem plano estabelecido, a partir de cada um de tais núcleos, por meio de variações, dentro de determinada perspectiva. As variações correspondiam a frases súbitas ou sequências narrativas esparsas: os fragmentos. A ordem da narrativa estaria latente aos diversos grupos de fragmentos que se iam formando nos surtos de inspiração. (idem, 1996, p.xxxv)

O que identificamos, na leitura empreendida do hexagrama 30, como uma unidade temática fazendo-se ao largo de uma unidade de sentido patente, assemelha-se ao que Nunes, na vasta leitura que fez sobre a linguagem de Clarice, identificou como "método semelhante ao de certas criações musicais que desabrocham em torno de um ou dois temas, conduzindo a linhas diferentes de variações numa só tonalidade" (ibidem). Através dessa nota, aproxima-se aqui, outra vez, Clarice, o *I Ching* e a crítica de Nunes.

O *I Ching*, os ideogramas chineses e uma rosácea clariciana de convergências

"A rosácea das convergências" é um dos subtítulos que compõem o texto de Haroldo de Campos (1977) intitulado "Ideograma, anagrama, diagrama: uma leitura de Fenollosa", ensaio de abertura da coletânea *Ideograma: lógica, poesia, linguagem*, por ele organizada. No trecho correspondente a esse subtítulo, o poeta apresenta várias relações e confluências que gravitam a esfera das valiosíssimas contribuições do filósofo e orientalista Ernest Fenollosa (1853-1908) à reflorescência e difusão da arte oriental, que culminam com a publicação, por parte de Ezra Pound, de um estudo de Fenollosa que representou, segundo Haroldo, "uma revolução na literatura moderna" (ibidem, p.30). Trata-se do capital ensaio "Os caracteres da escrita chinesa como instrumento para a poesia", cuja leitura adequada clama, nas palavras de Campos, por um "contexto vivencial" e por um "extratexto cultural", nem sempre prenhes de uma "vinculação direta", de uma "linearidade", mas exemplificadores de uma significativa "rosácea das convergências" (ibidem, p.16).

Toma-se, agora, emprestado esse subtítulo a fim de se reunir importantes relações, referências e confluências – vínculos diretos e indiretos, lineares e não lineares – da expressão chinesa na vida e obra de Clarice. Arranjo final importante, acredita-se, para o assentamento das questões até aqui levantadas. O conduto central dessa abordagem será a crônica "Lembrança da feitura de um romance", em virtude de sua exemplaridade em face do que se buscará evidenciar. Tal crônica foi publicada no *Jornal do Brasil* em 2 de maio de 1970.

Nessa crônica, Clarice Lispector (1999a) repassa características de seu processo criativo ao condensar, em nove parágrafos, descrições precisas acerca do modo como compôs um romance, cujo título ela não chega a citar. Trata-se de três núcleos ou de três momentos de um processo que se quer uno, integrado. Com efeito, logo no primeiro parágrafo da crônica, antes de divisar esses três momentos, Clarice nos reporta a uma bela imagem de um processo simultâneo, unificado, de escrita criativa:

> Não me lembro mais onde foi o começo, sei que não comecei pelo começo: foi por assim dizer escrito todo ao mesmo tempo. Tudo estava

DO DORSO À CAUDA DO TIGRE 123

ali, ou parecia estar, como no espaçotemporal de um piano aberto, nas teclas simultâneas de um piano. (ibidem, p.284)

Sequencialmente, ela descreve o seu *pathos* da escrita, a submissão a um processo, conforme formulou Benedito Nunes (2009b).

> Escrevi procurando com muita atenção o que se estava organizando em mim, e que só depois da quinta paciente cópia é que passei a perceber. Passei a entender melhor a coisa que queria ser dita. (Lispector, 1999a, p.285)

Mais adiante, tendo se referido enfaticamente à paciência intrínseca a esse tempo de espera, que é o da sua escrita, Clarice acrescenta:

> Além da espera difícil, a paciência de recompor por escrito paulatinamente a visão inicial que foi instantânea. Recuperar a visão é muito difícil. (ibidem)

Por fim, e já no último parágrafo de seu texto, a escritora refere-se à dificuldade em lidar com a linguagem em meio a esse processo, integrado, simultâneo, de vagaroso desabrochar:

> E como se isso não bastasse, infelizmente não sei redigir, não consigo relatar uma ideia, não sei "vestir uma ideia com palavras". [...] o que vem à tona já vem com suas palavras adequadas e insubstituíveis, ou não existe. Ao escrevê-lo, de novo a certeza só aparentemente paradoxal de que o que atrapalha ao escrever é ter de usar palavras. É incômodo. (ibidem)

De modo semelhante à escritora lembrada por Henry James (1968) (como se viu no Capítulo 1), lê-se, nessa crônica, que Clarice (1999a) se refere (1) a um ponto de partida visual, instantâneo, captado, (2) que vigorosamente enseja a representação de algo a ser erigido de dentro para fora, (3) em meio à consciência de que as palavras não alcançam plena ou diretamente aquilo que se viu, aquilo que se quer dizer.

Exatamente essa tríade compôs a trilha central deste livro, cujo percurso argumentativo se abriu, cadencialmente, ao *Livro das mutações* e à crítica de Benedito Nunes (1995, 1996, 2009a, 2009b, 2009c); e esse percurso (duplo) agora vai encontrando sua paragem no ponto (único) de saída aventado por Clarice no final dessa mesma crônica: a escrita ideogrâmica. Nessa crônica, a romancista não a referencia de modo explícito; trata-se, aqui, de uma proposição, apoiada no fato de tal escrita possuir características que muito se harmonizam com seu processo criativo, e ao mesmo tempo ser núcleo de convergências caras à escritora, conforme se passará a fundamentar.

Após referir-se ao "incômodo" que é o "ter de usar palavras", a autora melhor se explica e vislumbra uma saída por meio de imagens hipoteticamente substitutas, e resolutivas, desse processo:

> É incômodo. É como se eu quisesse uma comunicação mais direta, uma compreensão muda como acontece às vezes entre pessoas. Se eu pudesse escrever por intermédio de desenhar na madeira ou de alisar uma cabeça de menino ou de passear pelo campo, jamais teria entrado pelo caminho da palavra. (Lispector, 1999a, p.285)

Ao longo desse trecho, incluindo seus longos três exemplos finais, é possível encontrar uma alusão à composição ideogrâmica, tal como esta foi explicada e laureada por Ernest Fenollosa (Campos, 1977), e também, posteriormente, por Ezra Pound (2013).

Relações e convergências entre Clarice Lispector, Maria Bonomi, os ideogramas e o I Ching

> Meu amigo, há entre Maria Bonomi e eu um tipo de relação extremamente confortador e bem lubrificado. Ela é eu e eu é ela e de novo ela é eu. Como se fôssemos gêmeas de vida. E o livro que eu estava tentando escrever e que talvez não publique corre de algum modo paralelo com a sua xilogravura.
>
> (Clarice Lispector, na crônica "Carta sobre Maria Bonomi")

DO DORSO À CAUDA DO TIGRE

Ernest Francisco Fenollosa, filósofo e orientalista norte-americano, escreveu um importante ensaio acerca dos caracteres chineses, cujas premissas lançam luzes a esse "incômodo" de linguagem reclamado por Clarice, nos termos em que o condensou na referida crônica. Amplamente, segundo Haroldo de Campos (1977, p.30), Fenollosa "como teórico – como poeticista –, intuiu os mecanismos profundos de sua arte e foi capaz de prover instrumentalmente as necessidades do futuro". "The Chinese Written Character as a Medium for Poetry" ("Os caracteres da escrita chinesa como instrumento para a poesia") teve seu manuscrito confiado a Ezra Pound pela viúva de Fenollosa, Mary McNeill Scott, que também lhe confiou manuscritos relativos ao teatro Nô. O ensaio foi editado e publicado por Pound em 1919.

No ensaio, Fenollosa (ibidem) discorre sobre o que considera a supremacia da língua chinesa, que guardaria intensa afinidade com a linguagem poética, de qualquer idioma. Um de seus argumentos basilares consiste no fato de os ideogramas reproduzirem o caráter contínuo do pensamento que veiculam, aproximando-se, assim, do movimento intrínseco à natureza.

Logo de início, Fenollosa (apud ibidem, p.122) traz uma sentença simples, ocidental, em torno da qual desenvolve sua argumentação: "Homem vê cavalo". Conforme afirma, é a oração à qual se chegaria supondo-se uma situação em que estivéssemos olhando para uma janela, vendo um homem que, no mesmo instante, virasse a cabeça e fixasse sua atenção em algo; ao olharmos na mesma direção, veríamos que o homem havia se voltado para um cavalo. Acerca de tal suposição, o filósofo distingue as etapas desse processo natural: ter avistado o homem antes de agir, tê-lo avistado enquanto agia e, por fim, ter avistado o objeto para o qual se dirigiu sua ação. No ato de falarmos, assevera Fenollosa (ibidem), rompemos com a rápida continuidade dessa ação, bem como de sua representação, enquadrando-a em três símbolos fonéticos que não guardam conexão natural entre a coisa e seu signo, como "Homem vê cavalo".

Já o método chinês, exalta o orientalista, guarda a sugestão natural do processo e mantém vivo o elemento de sucessão natural que lhe pertence. Os ideogramas a seguir, correspondentes a "homem", "vê" e "cavalo" trazem, primeiramente,

| homem | vê | cavalo |

[...] o homem de pé sobre duas pernas. Depois, o olho a mover-se pelo espaço: uma figura nítida, representada por pernas a correr embaixo de um olho – o desenho estilizado de um olho e de pernas a correr –, figurações inesquecíveis uma vez que as tenhamos visto. Finalmente, o cavalo sobre suas quatro patas. (Fenollosa apud ibidem, p.122-123)

Segundo Fenollosa, a representação oriunda desses signos é "vívida" e "concreta", pelo fato de as pernas estarem presentes nos três caracteres, fazendo com que o grupo contenha "algo da qualidade de um quadro contínuo".

Lendo o chinês [conclui o orientalista] não temos a impressão de estar fazendo malabarismos com fichas mentais, e sim de observar *as coisas* enquanto elas vão tecendo seu próprio destino. (ibidem, p.123)

Essa presentificação intrínseca ao signo chinês, capaz de seguir carregando elementos de sentido enquanto esse mesmo sentido se vai ampliando, Fenollosa volta a evidenciar por meio da análise do verso "O sol se ergue a leste", quando, em metáfora musical, identifica como "harmônico" o ideograma que se repete sucessivamente, figurando o movimento natural a que alude. Nos ideogramas que compõem esse verso, o orientalista identifica

| Sol | (se) ergue | (a) leste |

o sol, o brilho, de um lado; do outro lado o signo do leste, formado por um sol entrelaçado aos galhos de uma árvore. E no signo do meio, o do verbo erguer, temos nova homologia: o sol está acima do horizonte, mas, além disto, o único traço reto, no sentido vertical, assemelha-se à linha do tronco, a crescer, do signo da árvore. (ibidem, p.149)

DO DORSO À CAUDA DO TIGRE

Segundo a argumentação de Ernest Fenollosa, mas tomando-se emprestadas palavras que Clarice usou na referida crônica, o signo chinês constitui a representação de um "pensamento presente" e de uma "comunicação mais direta", como o quer a escritora. Esse traço de simultaneidade, alcançado ou ambicionado, foi o que Clarice trouxe, é pertinente aqui repeti-lo, no primeiro parágrafo do texto: "[...] tudo estava ali, ou parecia estar, como no espaçotemporal de um piano aberto, nas teclas simultâneas do piano" (Lispector, 1999a, p.284). E talvez tenha sido, conforme se propõe, o que a escritora sugeriu ao final, ao eleger três movimentos como exemplos daquilo que poderia substituir a escrita que lhe é incômoda: desenhar na madeira, alisar a cabeça de um menino e passear pelo campo. Essas escolhas de Clarice consistem em três ações que trazem a continuidade em seu bojo. É como se pudéssemos transformá-las, no rastro dos enunciados utilizados por Fenollosa ("Homem vê cavalo" e "O sol se ergue a leste"), em "A mulher desenha na madeira", "A mulher alisa a cabeça de um menino" e "A mulher passeia pelo campo" e, assim, supondo-lhes os ideogramas correspondentes, evidenciá-las como exemplos de escrita vívida, que carrega um elemento de repetição que melhor a traduz no ato mesmo de sua tessitura.

Em relação ao primeiro movimento aludido, há ainda grande possibilidade de Clarice, latentemente, ter como referência uma das artes, de origem chinesa, empreendidas pela artista plástica e amiga Maria Bonomi – a xilogravura, o desenho na madeira. E nesse ponto, como se verá, a concepção criativa de ambas parece convergir em direção aos predicativos da escrita ideogrâmica anteriormente referidos. Em entrevista de 1966, intitulada "Bonomi: S. Excia. A Gravura", a artista ressalta o fato de a xilogravura ser uma arte que "fala de maneira direta":

> *Primeiro, por que a xilogravura em particular? O que existe entre você e a xilogravura?* [...] Quero dizer uma coisa, assim como anotaria para um diário algo visto ou vivido, elogio ou protesto, às vezes uma simples constatação. Não se trata de reproduzir uma imagem, mas de "achá-la" pela execução numa superfície. [...] Na madeira o "instrumento-mão" encontra coerência entre o que se fixa e como se fixa. Na madeira não se perde o que quero dizer, isto no sentido de dizer diretamente, sem criar climas ou halos de interferência. A xilografia me traduz melhor pois me

128 CLARICE LISPECTOR E O CLÁSSICO CHINÊS I *CHING*

limita ao essencial. [...] Na xilografia comunico imediatamente e nada se perde. (apud Laudanna, 2007, p.150-154)

Nota-se que, assim como Clarice o fez várias vezes, Bonomi faz referência à indissociabilidade entre forma e conteúdo, conforme ainda explicita na mesma entrevista: "Conteúdo só é conseguido através da manipulação. Forma e conteúdo são uma coisa só" (ibidem).

Além de insistir na existência desse laço, em crônicas e em entrevistas, Clarice o tratou em equivalência com o "ideograma", no ensaio-conferência "Literatura de vanguarda no Brasil", ao final do qual a escritora afirma:

[...] a atmosfera é de vanguarda, o nosso crescimento íntimo está forçando as comportas e rebentará com as formas inúteis de ser ou de escrever. Estou chamando o nosso progressivo autoconhecimento de vanguarda. Estou chamando de vanguarda "pensarmos" a nossa língua. Nossa língua ainda não foi profundamente trabalhada pelo pensamento. "Pensar" a língua portuguesa do Brasil significa pensar sociologicamente, psicologicamente, filosoficamente, linguisticamente sobre nós mesmos. Os resultados são e serão o que se chama de linguagem literária, isto é, linguagem que reflete e diz, com palavras que instantaneamente aludem a coisas que vivemos; numa linguagem real; numa linguagem que é fundo-forma, a palavra é na verdade um ideograma. (Lispector, 2005, p.105-106)

Nesse trecho da conferência, vê-se Clarice reclamar por uma "linguagem literária", que não só *diga* como também *reflita, represente*, valendo-se de palavras que aludam às coisas de modo imediato. É essa a linguagem real, que ao mesmo tempo é fundo e é forma, que é, então, constituída por palavra que na verdade consiste em, confirma a própria escritora, "um ideograma". Enquanto, na concepção apresentada por Clarice, o ideograma encarna a linguagem literária, no texto de Fenollosa (Campos, 1977), lembremos, o ideograma é por excelência a linguagem que melhor se dá à poesia.

Assim sendo, parece lícito reconhecer, a composição ideogrâmica metaforiza a escrita de Clarice, encetada ou ambicionada, bem como o desenho em madeira, de Maria Bonomi, no instante em que ambas apregoam a junção absoluta entre coisa e signo, entre forma e conteúdo, fundo-forma, que responde pela presentificação do pensamento – na palavra, no desenho – e pela comunicação instantânea que se almeja. É oportuno considerar, ainda, que, dentre as pinturas que realizou na década de 1970, Clarice pintou, na madeira, ideogramas localizados abaixo do símbolo com o qual se representam as polaridades de forças *yin* e *yang*, representativas, por sua vez, das duas linhas que formam trigramas e hexagramas do *I Ching* (figuras 4.2 e 4.3).

Figura 4.2 – Quadro pintado por Clarice Lispector (sem título, [s.d.], 30 x 40 cm)

Foto: Fundação Casa de Rui Barbosa / Acervo Clarice Lispector

Figura 4.3 – Quadro pintado por Clarice Lispector (sem título, 1975, 30 x 40 cm)

Foto: Fundação Casa de Rui Barbosa / Acervo Clarice Lispector

130 CLARICE LISPECTOR E O CLÁSSICO CHINÊS I CHING

É também bastante pertinente retomar um episódio contado pela própria escritora, em crônica publicada no *Jornal do Brasil* em 2 de outubro de 1971, intitulada "Carta sobre Maria Bonomi", e genericamente endereçada a um "amigo". Para além da grande amizade, trata-se de um testemunho de profunda identificação. Referindo-se ao encerramento de uma exposição de gravuras de Bonomi, que muito mexera com a escritora, Clarice conta:

> Vi as matrizes. Pesada devia ter sido a cruz de Cristo se era feita desta sólida madeira compacta e opaca e real que Maria Bonomi usa. Nada sei sobre o exercício interior, espiritual de Maria até que nasça a gravura. Desconfio que é o mesmo processo que o meu ao escrever alguma coisa mais séria no sentido de mais funda. Mas que processo? Resposta: mistério.
>
> Disse-me Maria que escolhesse uma gravura para mim. E eu – ingenuizada por um instante – pedi logo o máximo: não a gravura mas a própria matriz. E escolhi a Águia. Foi depois que me dei conta do muito que havia pedido e assustou-me a própria audácia: como é que eu tinha ousado querer esta enorme e pesada joia de madeira de lei? Arrependi-me imediatamente. Vi que não era merecedora de possuir tanta e tamanha vitalidade na minha sala. Mas Maria insistiu em atender o meu anterior desejo ambicioso. Pedi-lhe então que pelo menos guardasse o objeto de arte. Até que chegasse o momento que eu esperava atingir em que me sentiria pronta para receber a matriz e pendurá-la na parede. E então chamaria pessoas para comemorarmos a Águia.
>
> Mas quando voltei do lugar onde tinha ido dormir – eis que vejo surpresa na sala a própria Águia. Foi um choque de magnificência. Eu ainda não merecia, mas ela estava tão bela que pensei: os que não merecem talvez sejam os que mais carecem.
>
> A matriz grande e pesada – dá uma tal liberdade à sala! É que Maria Bonomi gravou a íntima realidade vital da águia e não sua simples aparência.
>
> Convido desde já meus amigos para virem ver. Está bem na entrada da sala, e com luz especial para serem notadas as saliências e reentrâncias da escura madeira imantada. É como se eu estivesse sentindo a constante e subjetiva presença de Maria em casa. Fiquei feliz. (Lispector apud Laudanna, 2007, p.154)

DO DORSO À CAUDA DO TIGRE   131

Figura 4.4 – Clarice com seu cachorro, Ulysses, no apartamento onde morava, no Leme, Rio de Janeiro. Ao fundo, no alto e à direita, a matriz de *A águia*

Foto: Fundação Casa de Rui Barbosa / Acervo Clarice Lispector

Figura 4.5 – Maria Bonomi, *A águia*, 1967. Xilografia, 102 x 155 cm (75 x 122 cm)

Fonte: Laudanna, 2007

O impulso de Clarice de querer a matriz (Figura 4.4) é muito eloquente. Fala de sua ânsia – que é também a de Bonomi – em querer ter a comunicação bruta, direta, muda, o que, em síntese, vincula-se às características inerentes à vívida e concreta escrita chinesa.

À parte a semelhança, com Bonomi, quanto ao modo de conceber a composição de uma ideia, Clarice muito soube acerca da expressão chinesa por meio da amiga, uma vez que o contato desta com tal cultura foi rico e abundante. Em 1958, quando se conheceram, em Washington, a jovem artista plástica, palavras suas, "estava em pleno deslumbramento de curso com o mestre da xilogravura chinesa Seong Moy". Anos mais tarde, em 1974, Maria viajou para a China, onde foi buscar a gravura em sua origem e onde estudou ideogramas. Dessa viagem, antecedida por outra, à Amazônia e ao sul da Bahia, resultou a exposição individual "Xilografias: Transamazônica – China", que ocorreu no Rio de Janeiro, em 1975. A exposição foi visitada por Clarice (Figura 4.6).

Figura 4.6 – Maria Bonomi e Clarice Lispector, na exposição "Xilografias: Transamazônica – China", na Galeria Bonino, Rio de Janeiro, 1975

Foto: acervo pessoal de Maria Bonomi

DO DORSO À CAUDA DO TIGRE

Maria conta que viveu uma libertação formal através dos chineses, com o que a escala de suas gravuras aumentou; e se lembra de que Clarice "festejou a referência chinesa" em sua obra. Quanto à amiga, elabora ainda: "Clarice encarou a China como revelação. Estava fora. Era um universo intacto". Em partes, Bonomi refere-se, aqui, ao *I Ching*. Conta que era com ênfase e frequência que Clarice lhe recomendava esse imenso repositório da cultura chinesa, como uma verdadeira "via de existência".[1]

Relações e convergências entre Clarice Lispector, o grupo literário de Francisco Paulo Mendes, os ideogramas e o I Ching

Clarice foi leitora de Ezra Pound, que trouxe aos meios literários, de escritores e estudantes, o método ideogrâmico, bem como dele se valeu. A crônica "Dar os verdadeiros nomes", transcrita na íntegra a seguir, publicada no *Jornal do Brasil* em 3 de março de 1973, é uma breve, mas contundente, glosa poundiana:

> Copiei esse trecho de Pound, de um livro que é uma coletânea de artigos, organizada por Norman Holmes Pearson:
> – A traição das palavras começa, diz Pound, com o uso das palavras que não atingem a verdade, que não expressam o que o autor deseja que elas digam.
> Ezra Pound gostava de citar a resposta dada por Confúcio à pergunta que lhe fizeram sobre o que primeiro lhe viria ao pensamento como programa de seu Governo, caso fosse escolhido para tal. A resposta foi objetiva, direta: "Chamar o povo e todas as coisas pelos seus nomes próprios e verdadeiros".
> Este também é o problema inicial de um artista, comenta Pearson. "Artistas são as antenas da raça", afirmou Pound. "A única coisa que você não deve fazer é supor que quando algo está errado com as artes, isso é um erro artístico somente. Quando um dado harmônico falha, isso deve tornar defeituoso o sistema inteiro." "A beleza é difícil", repete Pound em *Cantos*. (Lispector, 1999a, p.453)

---

1 Depoimento de Maria Bonomi à autora deste trabalho, em dezembro de 2013, no seu ateliê, em São Paulo.

Em 14 de novembro de 2015, em coluna publicada no jornal *O Estado de S. Paulo*, o escritor e jornalista Sérgio Augusto relembra ter visto, durante entrevista realizada com a escritora, em 1974, junto à equipe de *O Pasquim*, quão grifada era a edição que Clarice tinha de *Escritores em ação*. Ezra Pound é um dos entrevistados dessa coletânea.

> Enquanto os demais emissários do *Pasquim* lhe faziam perguntas, Ivan Lessa e eu, bem posicionados no chão, ao lado de uma estante, arrumamos um jeito de, sorrateiramente, xeretar as anotações que ela fazia em seus livros. O mais grifado e anotado era aquela antologia de entrevistas da Paris Review (*Escritores em ação*), que a Paz e Terra traduzira seis anos antes. Clarice, quem diria, nutria enorme curiosidade sobre o que seus colegas pensavam do ofício de escrever. (Augusto, 2015)

Na longa entrevista concedida por Pound, figuram muitas colocações de linguagem e de trabalho literário afins a concepções ou convicções de escrita e de linguagem de Clarice, apresentadas por meio de entrevistas e de sua produção. O poeta, por exemplo, à pergunta sobre o modo como planeja a escrita de um *Canto*, responde ser o "o que" mais importante que "o como". "Trabalha-se, creio eu, no que a vida nos proporciona. Nada sei acerca de método" (Cowley, 1982, p.135). Pound fala, também, em "uma maneira mais natural de escrever". Sobre os meios de comunicação então modernos, afirma "sofrermos do uso da linguagem a ocultar o pensamento e a impedir todas as respostas diretas e vitais". Retoma Confúcio ao asseverar que "a má linguagem está *destinada* a fazer um mau governo" (ibidem, p.149).

Na entrevista, Ernest Fenollosa é citado em dois momentos. No primeiro deles, quando Pound responde apenas que seu trabalho de tradução das *Trachinae* provém da leitura das peças Nô de Fenollosa; e mais adiante, quando o entrevistador lhe pergunta acerca dos trabalhos que representaram para ele grandes impulsos, grandes estímulos – ocasião em que é ressaltado o impacto de modernidade advindo com o ensaio do filósofo sobre os caracteres chineses.

> *Entrevistador* – Suponho que seu interesse, no sentido de que as palavras fossem cantadas, foi estimulado particularmente pelo estudo da

DO DORSO À CAUDA DO TIGRE

Provença. Acha, talvez, que sua descoberta da poesia provençal constitui sua maior "brecha"? Ou, talvez, tenham sido os manuscritos de Fenollosa?

Pound – O provençal começou a interessar-me desde muito cedo, de modo que não constituiu, na verdade, uma descoberta. O Fenollosa foi uma rajada de vento – e a gente lutava contra a própria ignorância. Tinha-se conhecimento íntimo das notas de Fenollosa e a ignorância de uma criança de cinco anos. (ibidem, p.146)

Por meio da pergunta seguinte, o poeta esclarece sobre como coube a ele a edição e a publicação do ensaio "Caracteres da escrita chinesa como instrumento para a poesia".

Entrevistador – De que modo Mrs. Fenollosa veio a descobri-lo?

Pound – Bem, eu a conheci em casa de Sarojini Naidu, e ela me disse que Fenollosa tinha vivido em oposição a todos os professores e academias, e que ela vira alguns de meus escritos e achava que eu era a única pessoa que poderia terminar aquelas notas como Ernest teria gostado que se fizesse, Fenollosa percebeu o que precisava ser feito, mas não teve tempo de terminar seu trabalho. (ibidem)

Em uma carta ao amigo Rubem Braga, de abril de 1954, quando a escritora se encontrava em Washington, Clarice nos revela entusiasmo com uma tradução de Confúcio realizada por Pound e também com a assinatura do poeta e. e. cummings.

Conheci num jantar um homem da National Gallery, muito interessante, amigo de Ezra Pound e do Saint-John Perse. Diz que Pound está com uma maravilhosa tradução de Confúcio pronta para ser publicada. Diz que Pound, estando repousado, é lúcido, mas quando está cansado começa a devanear. (Lispector, 2020, p.494)

É no início dessa mesma missiva que Clarice anuncia ao amigo o envio de uma resposta do poeta Edward Estlin Cummings, cujo pontual contato com Rubem Braga ela acabara de intermediar:

E aí vai a resposta de Cummings – não sei por que ele resolveu responder para cá e não para o Rio, suponho que porque mais perto. Mas que assinatura boazinha a dele! Pena eu não a ter visto naquela época remota em que a gente adora o próprio nome e enche folhas de papel com variações de assinatura – eu ficaria eletrizada se tivesse visto uma simplificação tão perfeita. Agora, hélas, é tarde demais, passou a fase de amor-próprio. Mas um dia ainda assinarei em hieróglifo. (ibidem)

Ao final da carta, jocosamente, Clarice assina "C. L TOR" e indaga a Braga: "(está bom?)", mas é em *A paixão segundo G.H.* que ela retoma, seriamente, a complexa questão da grafia, atribuindo à barata um hieróglifo. Ao declarar sua experiência ascética ("Dá-me tua mão, cheguei ao irredutível com a fatalidade de um dobre" (idem, 1996, p.40), que se dá por intermédio do inseto, G.H. confessa: "Sinto que tudo isso é antigo e amplo, sinto no hieróglifo da barata lenta a grafia do Extremo Oriente" (ibidem).

Predominante sobretudo em livros sagrados do Egito Antigo, a escrita hieroglífica consiste no uso de "ideogramas figurativos em vez de palavras" (Moisés, 2013, p.227), o que dá ao hieróglifo, figuradamente, um sentido sempre enigmático.

Sem referência ao Egito, embora com referência a "antigo", fato inegável é que a frase resulta bastante misteriosa, cifrada, ao dotar a barata de um hieróglifo.

Da poeta Hilda Doolittle, uma das fundadoras, juntamente com Pound, do movimento imagista, que reconheceu e enalteceu no ideograma – a imagem poética por excelência – o mecanismo que traz de imediato a concretude da experiência, colhemos que hieróglifo é a denominação atribuída à imagem ideogramática, conforme elucida a psicanalista Ana Vicentini de Azevedo:

> No vocabulário poético de HD, especialmente em *Helen in Egypt*, essa noção de imagem ideogramática tem o nome de hieróglifo. Este, para HD, funciona como uma metáfora da própria escrita, como também de si mesma qual letra cifrada. (Azevedo, 2016, p.172)

Se for lícito seguir o rastro de HD, a "barata lenta" de que fala a narradora de *A paixão segundo G.H.* representa, com seus existentes

DO DORSO À CAUDA DO TIGRE

movimentos (os lentos), a articulação de uma escrita vital (hieroglífica ou ideogramática) que, registro daquele instante místico, é cifra dos múltiplos aspectos que constituem o olhar e a experiência de G.H. diante do inseto. Ou seja, ao olhar a barata, que se movimenta lentamente, G.H. vê (e sente) para além da barata (ela própria nos diz: é tudo "antigo" e "amplo"). E o que ela vê é literalmente da ordem da visualidade (enquanto linguagem), ela vê a "grafia do Extremo Oriente"; qualquer frase de equivalência apenas fonética, de valor proposicional, empobreceria a coisa vista, restringiria sua antiguidade e amplidão, porque eliminaria nuances, eliminaria o indizível, o inapreensível, da cena – sua sucessão natural (e lenta). Essa é a metáfora da qual Clarice lança mão, nesse tão pequeno trecho, para ilustrar o drama da nomeação, em franca convergência com o pensamento de Fenollosa acerca dos limites da linguagem (em especial a ocidental) diante do movimento contínuo da natureza:

[...] nenhuma sentença integral completa de fato um pensamento. [...] Na Natureza, todos os processos são inter-relacionados; de modo que não poderia haver sentença completa (de acordo com essa definição), a não ser uma única: a que exigisse o tempo todo para ser pronunciada. (Fenollosa apud Campos, 1977, p.126)

Assim, dizer, narrar, ideogramicamente, a visão (e a manducação) da barata é ato para o qual ou não há sentença completa possível (grande mote do romance, recorrente temática clariciana) ou é ato que exigiria o tempo todo para ser pronunciado – tal qual o "o que te escrevo continua" (Lispector, 1998a, p.87), frase com que Clarice fecha *Água viva*, na verdade, mas que, de alguma forma, já se anuncia em *A paixão segundo G.H.*, seja no caráter cíclico que o alinhava – os finais de cada capítulo retomados como início dos subsequentes –, seja no caráter extenso da entrega de G.H., anunciada no último parágrafo do romance: "Eu estava agora tão maior que já não me via mais. Tão grande como uma paisagem ao longe. Mas perceptível nas minhas mais últimas montanhas e nos meus mais remotos rios: a atualidade simultânea não me assustava mais [...]" (idem, 1996, p.115).

Dando sequência à rosácea das convergências previamente referenciada, é oportuno ainda colocar que Ezra Pound foi leitor contumaz do *I*

138 CLARICE LISPECTOR E O CLÁSSICO CHINÊS I CHING

Ching, juntamente com sua esposa, a musicista Olga Rudge. Os cadernos pessoais de Rudge, aos cuidados, hoje, da Universidade Yale – Yale Collection of American Literature, Beinecke Rare Book and Manuscript Library –, trazem anotações acerca de consultas ao *Livro das mutações*, empreendidas por ela e por Pound; ao todo, são sete os cadernos que trazem "*I Ching*" em seus títulos e compreendem o período que vai de 1966 a 1985.

Era antigo o interesse de Pound pelo *I Ching*, um dos clássicos de Confúcio. Após sua união com Rudge, em 1962, ela começou a jogar o *Livro das mutações* para eles. Isso está descrito em um registro seu de março de 1966, da seguinte forma: "Estes hexagramas têm sido consultados geralmente pelas manhãs, logo após o café. Começo pelos meus, leio alto para E. e ele faz o mesmo". Pelos primeiros achados, as anotações em torno do *I Ching* começam em 1966 e contêm somente os hexagramas resultantes dos jogos, logo depois, vê-se a agenda de Rudge utilizada, também, para gravar detalhes importantes do dia a dia e suas atividades. A agenda inicia-se justamente em 1966 e vai até a data da morte de Pound, em 1972, e está localizada no Box 93, pastas 2.480-491. Muitos desses registros são sobre a saúde de Pound, dieta, resposta a visitantes e observações para Rudge. Também há descrições feitas por Pound sobre os sonhos de Rudge, com comentários a respeito deles. (tradução nossa)[2]

Fenollosa também foi estudioso do *I Ching*. Segundo Haroldo de Campos (1977), além de o orientalista ter estudado poesia chinesa com os mestres Kainem Mori e Nagao Ariga (tendo este, também, o acompanhado em lições de filosofia chinesa), "com Michiaki Nemoto, uma autoridade no assunto, ele estudou o *I Ching* ou *Livro das mutações*". Ao mesmo tempo, a partir do ano de 1898, prossegue Campos (ibidem, p.24),

Fenollosa começou a tomar aulas de representação e canto *Nô*, reencetando um esforço iniciado no começo dos anos [19]80. Examinado pelo septuagésimo Minoru Umekawa, a figura central da revivescência

---

2 Informações extraídas do site da biblioteca da Universidade Yale, por meio do endereço http://drs.library.yale.edu/.

DO DORSO À CAUDA DO TIGRE

dessa vetusta arte teatral, Fenollosa foi considerado habilitado a cantar com intérpretes japoneses. Uma honra insigne, especialmente para um não nativo.

O orientalista traduziu a peça *Sotoba Komachi*, presente no volume *"Noh" or Accomplishment: A Study of the Classical Stage of Japan, with Ezra Pound* (Fenollosa, 1916, p.21-25).[3] Uma versão moderna dessa mesma peça foi traduzida por Clarice. Em *Clarice em cena: as relações entre Clarice Lispector e o teatro*, na apresentação e análise de traduções dramatúrgicas realizadas, geralmente, por Clarice e Tati de Moraes, André Luís Gomes (2007, p.86) pontua:

A peça moderna japonesa, *Sotoba Komachi*, de Yukio Mishima, de 1952, parece ter sido traduzida apenas por Clarice Lispector, se levarmos em consideração tanto o original datilografado, ao qual tive acesso, quanto o registro no SBAT em que consta apenas o nome da autora. Nesses documentos, não há nenhuma indicação da data da tradução e nem da língua a partir da qual Lispector traduziu a peça de Mishima, escrita em um ato.

Acrescente-se a tudo isso o fato de que Clarice, em 1944, logo após publicar seu primeiro romance, *Perto do coração selvagem*, mudou-se para Belém do Pará, acompanhando o marido em incumbência diplomática. Lá permaneceram por seis meses, hospedados no Hotel Central, em cujo café intelectuais reuniam-se diariamente em torno do professor de Literatura Francisco Paulo Mendes, por quem Clarice nutriu grande admiração e amizade. Segundo Benedito Nunes (2001), que a escritora conheceria anos mais tarde, na década de 1960 apenas (e por meio do professor), Mendes foi um verdadeiro fazedor de poetas, tendo impulsionado Ruy Barata, descoberto Plínio Abreu e Mário Faustino – admirador e tradutor conhecido da obra de Pound. O primeiro livro de Faustino foi apresentado à crítica

---

3 Segundo Jean-Paul Georges Potet (2015, p.37, tradução nossa), "Entre os papéis legados por Ezra Pound, estão traduções de peças Nô, com capítulos introdutórios. Ezra Pound se esforçava para transformar as peças em poesia inglesa. Sua lista era extensa: *Aoi no eu* [...] *Kumasaka, Matsukaze* [...], *Sotoba Komachi* [...]. A edição de Ezra Pound foi publicada em 1916, sob o título de *Noh* ou *realização*".

por Mendes, que, de modo entusiasmado, o prefaciou. Em Belém, o professor formou mais de uma geração de intelectuais, atentos e devotos às suas opiniões, seguidores de seu juízo crítico. Francisco Paulo Mendes, que dirigiu o Suplemento Literário da *Folha do Norte*, entre os anos de 1946 e 1952, liderou o grupo de literatos com o qual Clarice conviveu, e em meio ao qual já circulavam as novidades vanguardistas do Concretismo, representadas por Augusto de Campos, Décio Pignatari e Haroldo de Campos, e da moderna poesia europeia, representada por Mallarmé, Ernest Fenollosa, Ezra Pound, Rainer Maria Rilke e T. S. Eliot.

Tantos e consolidados predicativos fizeram do professor Mendes um grande formador, para além das salas de aula. Dono de uma "tremenda capacidade argumentativa", Nunes (ibidem) registra que ele deixou verdadeiros "herdeiros espirituais", tendo formado duas gerações de intelectuais, posteriormente amigas entre si. Uma, a mais velha, fora composta principalmente pelos escritores Ruy Barata, Paulo Plínio Abreu, Rui Coutinho, Raymundo Moura, Cléo Bernardo e Sylvio Braga. À outra, mais nova, pertenceram Benedito Nunes, Max Martins, Haroldo Maranhão, Alonso Rocha, Jurandir Bezerra, Cauby Cruz e Mário Faustino (ibidem, p.16).

> [...] praticou ele, de boca principalmente, a crítica de poesia, para o ouvido de seus mais diretos interlocutores: Ruy Barata, Paulo Plínio Abreu, Mário Faustino, Max Martins, e eu mesmo, quando tentei, em vão, ser poeta – sob o fundo da experiência de leitura dos autores que nos deu a conhecer e em que se sustentou o espírito comum das duas gerações reunidas em torno dele – para citar alguns de que me lembro imediatamente, Antero de Quental, Cecília Meireles, Valéry, Rilke e Fernando Pessoa, dentre os poetas; Mauriac, Julien Green, Alain Fournier, Kafka, Bernanos, dentre os ficcionistas; Kierkegaard, Paul Landsberg, Jacques Maritain, Berdiaeff, Sartre, Gabriel Marcel, Karl Jaspers e Martin Heidegger dentre os filósofos. (ibidem, p.21)

Fora dos espaços destinados às aulas regulares, tais formações se davam, por excelência, no Café Central. Na recordação de Nunes, tal Café era, para Mendes, "sua sala de visita. Ali discutia, lia, debatia ideias e recebia os amigos" (ibidem, p.23).

DO DORSO À CAUDA DO TIGRE   141

Francisco Mendes, conforme Clarice conta, em carta, ao amigo
Lúcio Cardoso, emprestou-lhe os *Cahiers de Malte*, de Rilke, e trechos
de Proust:

> Encontrei aqui pessoas muito interessantes. Paulo Mendes é profes-
> sor de Literatura, mas não um didático. Tem grande biblioteca, conhece
> um bocado de coisas, mas não ficou [.] sobre a cultura, é muito inte-
> ligente. É ótimo falar com ele sobre livros dos quais a gente gosta. Ele
> me emprestou os *Cahiers de Malte*, de Rilke, e pedaços escolhidos de
> Proust. Ele falou de você de um modo que eu gostei de ouvir. (Lispec-
> tor, 2002, p.42)

Em outra carta a Lúcio, datada de julho de 1944, quando já estava fora
de Belém, Clarice recomenda enfaticamente o professor:

> Lúcio, vou lhe pedir de novo para que você se interesse para que Paulo
> Mendes, de Belém, vá ao Rio fazer algumas conferências sobre Antero
> de Quental ou algum outro assunto. Sei que você gostará dele, sei que
> ele gostará de você. Se o Ministério da Educação pudesse fazer alguma
> coisa... Vou repetir seu endereço: F. Paulo Mendes, Vila Amazônia, Pas-
> sagem Mac-Dowell, 25 – Belém, Pará. (ibidem, p.48)

Clarice volta a escrever sobre Francisco Mendes muitos anos mais
tarde, em dois momentos da década de 1970, o que parece corroborar
o magnetismo com o qual tanto fora laureado o professor, bem como a
extensão, ou profundidade, da admiração ou influência que ele exercera
sobre a jovem escritora.

Na crônica publicada em 1o de abril de 1972, "Minha próxima e exci-
tante viagem pelo mundo", a autora, ao final de um roteiro jocosamente
apenas imaginado, escreve:

> E enfim voltarei ao Rio. Antes darei um pulo a Belém do Pará, para
> rever os meus amigos Francisco Paulo Mendes, Benedito Nunes (qual é
> o endereço deles? Por favor me escrevam) e tantos outros importantes para
> mim. Eles, vai ver, já me esqueceram. Eu não esqueci deles. Em Belém já
> passei seis meses, muito felizes. Sou grata a esta cidade. (idem, 1999a, p.409)

142 CLARICE LISPECTOR E O CLÁSSICO CHINÊS I CHING

No romance *Um sopro de vida*, escrito entre 1974 e 1977, a personagem Ângela Pralini, no fim da obra, fala em "pessoas desaparecidas", e o professor é novamente lembrado:

Pessoas desaparecidas. Onde estão? Quando alguém souber delas telefonem para a Rádio Tupi. Cadê o desaparecido Francisco Paulo Mendes? Morreu? Me abandonou, achou que eu era muito importante... (idem, 1999e, p.143)

Em 1976, quando entrevistada por Marina Colasanti, Affonso Romano de Sant'Anna e João Salgueiro, a escritora volta a se referir a Francisco Mendes:

Eu só li Sartre, só ouvi falar de Sartre na época de *O lustre*, em Belém do Pará.
ARS: O Sartre já era popular em Belém do Pará? Eu digo isso porque o Benedito Nunes é de lá.
Eu tive um professor de Literatura que buscava os livros da Europa, e não do Rio. Era o Francisco Paulo Mendes, do mesmo grupo do Benedito Nunes. (Sant'Anna; Colasanti, 2013, p.224)

Com a leitura do texto "Literatura de vanguarda no Brasil" (Lispector, 2005), já referido anteriormente, Clarice apresentou-se na Universidade Federal do Pará, em 1975, em evento organizado por Nunes e Mendes (Figura 4.7).

De volta a Ernest Fenollosa e Ezra Pound, Benedito Nunes (2009a), no ensaio "Encontro em Austin" (a ser retomado e contextualizado logo adiante), relembra a influência exercida por ambos na poesia moderna, no que diz respeito a elementos da cultura chinesa. Nunes fala em "retrojeção da cultura intelectual e espiritual do Extremo Oriente na europeia, canalizada por Pound e Fenollosa para a poesia no tempo de sua modernidade" (ibidem, p.309).

O escritor Max Martins, um dos discípulos de Francisco Paulo Mendes, e também grande amigo de Benedito Nunes, teve Ezra Pound e Ernest Fenollosa como dois de seus autores de cabeceira, ao lado de outras obras de referência oriental, como o *I Ching*. Conta o jornalista

Figura 4.7 – Clarice e o professor Francisco Paulo Mendes, em Belém, para onde a escritora retornara em 1975 a fim de proferir a conferência "Literatura de vanguarda no Brasil"

Foto: Secretaria de Cultura do Pará

Elias Pinto, em texto publicado em fevereiro de 2009, que, em uma das inúmeras e longas conversas que teve com o escritor, pediu-lhe, certa vez, que traçasse um roteiro de sua formação poética, de seus livros, "de seus santos de cabeceira, '*ab ovo*', desde o berço". O jornalista lembra que a resposta de Max compôs sua coluna publicada, entre 1990 e 1991, no jornal *A Província do Pará*. É bastante oportuno transcrever, aqui, a vasta e coesa lista de Max, no que deixa entrever as influências recebidas pelo professor Mendes e no que amplia a lista rapidamente relembrada por Nunes (2001), transcrita anteriormente.

No princípio, foi Casemiro de Abreu, os poetas românticos brasileiros e portugueses das velhas antologias. Depois veio o *Cartas a um jovem poeta*, de Rainer Maria Rilke, o primeiro presente recebido do professor Francisco Paulo Mendes e cujo exemplar muitos anos depois passei às mãos merecedoras do poeta Age de Carvalho. Depois vieram Carlos Drummond, Jorge de Lima, Murilo Mendes, Manuel Bandeira, Fernando Pessoa, Camões, Homero, Mário Faustino, Dylan

144 CLARICE LISPECTOR E O CLÁSSICO CHINÊS I *CHING*

Thomas, Rimbaud, Baudelaire, Octavio Paz, Mallarmé, Paul Celan, Henri Michaux, René Char, Bashô, Cummings, Blaise Cendrars, Kaváfis, Maiakóvski, Jorge Luis Borges, Robert Stock, García Lorca, Lautreamont, Ungaretti, Trakl, Blake, André de Bouchet, as vanguardas, o Concretismo.

E Guimarães Rosa (*Grande sertão: veredas*), D. H. Lawrence, Henry Miller, Henry Thoreau, Clarice Lispector, Dostoiévski, Thomas Hardy (*Judas, o obscuro*), Kazantzákis, Hermann Hesse, Romain Rolland, Thomas Mann, Flaubert, Malcolm Lowry, Hermann Broch, *Em busca do tempo perdido*, de Proust, o *Dom Quixote*, Melville, Shakespeare, Mircea Eliade, Chuan-Tzu, o Zen-Budismo, *I Ching, Lao-Tzu, O livro tibetano dos mortos*, o *Bhagavad-Gita*, a Bíblia.

E Aristóteles, Platão, Nietzsche, Heidegger (*Acheminement vers la parole, Hölderlin y la esencia de la poesía*), Derrida, Gilles Deleuze, Todorov, Pound (*ABC da literatura e A arte da poesia*), Valéry (*M. Teste*). E Damaso Alonso, Carlos Busoño, Roman Jakobson, Auerbach, Roland Barthes, Georges Bataille, T. S. Eliot, Walter Benjamin, George Steiner, os *Manifestos surrealistas*, Max Bense, Benedito Nunes, José Guilherme Merquior, Antonio Candido, Ernest Fenollosa, Haroldo de Campos, Jean Starobinski, Saussure, Leo Spitzer. Isso não é receita para jovens poetas, o que eles deveriam ler etc. É o meu caso e só. Mas acho que um poeta de hoje deve palmilhar por aí. Creio que esse é, pelo menos, o cerne de uma compreensão e de um amor pela poesia.[4]

A influência oriental na composição poética de Max Martins pode ser vista, sobretudo, nas obras *Para ter onde ir* (Martins, 1992b) e *A fala entre parêntesis*, escrita, esta, em parceria com o amigo Age de Carvalho (Martins; Carvalho, 1982), à moda da renga. O primeiro livro é todo tecido a partir dos hexagramas do *I Ching*, enquanto o segundo exercita, mais livremente, a composição japonesa conhecida como jogo da renga, que significa, literalmente, uma cadeia de poemas.[5] As duas obras conta-

---

4 http://ronaldofranco.blogspot.com/2009/02/max-e-seus-santos-de-cabeceira-e-lias.html.

5 Tal jogo de composição conjunta, cujas origens remontam ao século XIV, caracteriza--se por um preciso trabalho estilístico, semelhante a um soneto, e por uma necessária afinidade, intelectual e afetiva, entre seus jogadores-poetas, a fim de que o resultado

DO DORSO À CAUDA DO TIGRE 145

ram com ricos comentários de Benedito Nunes. Em 1982, Nunes (1982) escreveu o prefácio, intitulado "Jogo marcado", de *A fala entre parêntesis*, livro, inclusive, dedicado ao crítico e sua esposa, Maria Sylvia. No trecho transcrito a seguir, o crítico, além de rapidamente elencar importantes influências da forma oriental nas variadas artes do Ocidente, como música, poesia e pintura, volta-se acuradamente, antes, para a dimensão ética incutida na estética oriental. Sem reportar-se exclusivamente à renga, Nunes (ibidem) afirma:

As artes poéticas do Ocidente separaram as regras da criação das normas da ação individual e do esforço de conhecimento. As do Oriente prescrevem o indivíduo, além do uso técnico de ritmos, de padrões formais e esquemas de sonoridade, *um conjunto de atitudes, de maneiras de pensar, de ver e de conhecer as coisas, de conduzir-se relativamente aos outros seres* e aos seus companheiros de ofício. É como se o poeta necessitasse de uma ética para realizar-se esteticamente, e como se só pudesse escrever belos versos aprendendo a relacionar as formas da linguagem com as formas de sentimento e conhecimento do mundo, ambas postas em prática, conjuntamente, no mesmo exercício mental que vinculou os nossos dois autores. [...] Quem os acusasse de exotismo quanto à forma, esqueceria o que a arte do século XX deve às culturas primitivas, à Índia, à China e ao Japão. Basta lembrar o parto do Cubismo sob as sugestões da cultura africana em Picasso, os empréstimos mais recentes da música de Messiaen às tonalidades da música hindu e, nos últimos tempos, a fecunda influência, para

---

prime por uma unidade linguística e espiritual. No prefácio ao livro, Benedito Nunes (Martins; Carvalho, 1982) assim nos apresenta a operação da renga: os participantes escrevem, de cada vez, "dois grupos de três e dois versos (o primeiro com 5/7/5 sílabas, o segundo com 7), utilizando somente certos temas e palavras, a fim de que, ao cabo de sucessivas rodadas, indefinidamente multiplicáveis, seja obtido um poema total da interconexão dos vários grupos, sempre diferentes quanto ao conteúdo, tratados como poemas autônomos e entre os quais não deve haver continuidade exterior" (ibidem, [s.p.]). Mais adiante, Nunes cita caracterização feita por Shinkei, teórico do jogo no século XV: "exercício espiritual para penetrar o talento e a visão do outro" (ibidem). Nunes relembra, também, o primeiro exemplar ocidental desse jogo, único precedente de *A fala entre parêntesis*: trata-se de *Renga, a Chain of Poems* (New York: George Braziller, 1971), elaborada por Octavio Paz, Jacques Roubaud, Edoardo Sanguineti e Charles Tomlinson, que, durante cinco dias de convívio, em um hotel em Paris, em 1969, dedicaram-se à realização dessa composição.

a poesia, já de há muito em contato com o hai-kai, da escrita ideográfica chinesa. (ibidem, [s.p.], grifo meu)

No que toca aos preceitos do presente livro, é exemplar, neste trecho, destacar a reflexão precisa que Nunes (ibidem) extrai da prática da renga – estendendo-se à estética oriental – no que tal reflexão se assemelha a alguns sentidos de Aderência levantados e aprofundados nos capítulos precedentes. À parte as nuances performáticas de alguns narradores claricianos, a insistente Aderência presente em vários escritos de Clarice também está implicada em "um conjunto de atitudes, de maneiras de pensar, de ver e de conhecer as coisas, de conduzir-se relativamente aos outros seres" (ibidem, [s.p.]). Ou seja, afetando gravidade diante de uma vocação nata e ainda desconhecida (conforme a narradora Sofia) ou afetando a displicência plausível diante de uma vocação já bem assentada (conforme Rodrigo SM), ambos os narradores ensejam um esforço de conhecimento do outro, ambos vinculam seu ofício à aderência ao outro, o que, como se viu, se dá em níveis variados. Se a escrita de Sofia necessita, fabularmente, "tanto, tanto, tanto" da mão de outro lobo (assim como a narração de G.H. evoca a mão do "tu"), Rodrigo SM, em sua escrita corporal, transformar-se-á na própria Macabéa. Assim, na trilha de Benedito Nunes (ibidem), a Aderência, tal como criticamente aqui revisitada, teria um expediente ético-estético afim à arte oriental.

Ademais, por ocasião das convergências buscadas, parece mais uma vez pertinente retomar trecho do texto de Clarice "Literatura de vanguarda no Brasil" (Lispector, 2005), quando a escritora reivindica um modo de lidar com a linguagem que seja inseparável do modo de pensar e sentir o mundo, que seja ideogrâmico, como ela mesma escreve ao final; que tenha as características ético-estéticas – para nos valermos mais uma vez do que Nunes (1982) escreveu – comuns às artes poéticas do Oriente.

[...] a atmosfera é de vanguarda, o nosso crescimento íntimo está forçando as comportas e rebentará com as formas inúteis de ser ou de escrever. Estou chamando o nosso progressivo autoconhecimento de vanguarda. Estou chamando de vanguarda "pensarmos" a nossa língua. Nossa língua ainda não foi profundamente trabalhada pelo pensamento.

DO DORSO À CAUDA DO TIGRE 147

"Pensar" a língua portuguesa do Brasil significa pensar sociologicamente, psicologicamente, filosoficamente, linguisticamente sobre nós mesmos. Os resultados são e serão o que se chama de linguagem literária, isto é, linguagem que reflete e diz, com palavras que instantaneamente aludem a coisas que vivemos; numa linguagem real; numa linguagem que é fundo-forma, a palavra é na verdade um ideograma. (Lispector, 2005, p.105-106)

Benedito Nunes (2009a) foi também o autor do longo prefácio "Max Martins, mestre-aprendiz", que apresenta a coletânea *Não para consolar* (Martins, 1992a), de 1992 – obra que reúne os poemas publicados pelo poeta paraense desde 1952. Tal reunião não inclui os poemas de *Para ter onde ir* (idem, 1992b), até então inéditos; Nunes (2009a; Martins, 1992b), entretanto, não se esquiva de comentá-los, com o que faz o seu pontual registro estético acerca do *Livro das mutações* – ficcionalmente também aludido com a referência ao personagem Magister Ludi, de Hermann Hesse (1971). A seguir estão transcritos os dois últimos parágrafos do referido prefácio, entremeados por um poema do então recente livro de Max, lido por Nunes com breve, mas aguda precisão:

Na verdade, todas as vias percorridas por esse *"chameleon poet"* (Keats) são inacabadas e recomeçadas. Talvez um novo começo já se tenha produzido em *Para ter onde ir*, livro ainda inédito, série de vinte poemas escritos segundo as regras do jogo da sorte prescrita pelo *I Ching*, e nos quais paira a serenidade da aceitação do Destino. Lançando esses dados, o Magister Ludi parece afirmar o trágico da vida e do amor sem a resignação e os artifícios da evasão do pessimismo. O *amor fati* nietzschiano ressoa em "A fera":

Das cavernas do sono das palavras, dentre
os lábios confortáveis de um poema lido
e já sabido
voltas

para ela – para a terra
maleável e amante. Dela
de novo te aproximas

e de novo a enlaças firme sobre o lago
do diálogo, moldas
    novo destino

Firme penetra e cresce a aproximação conjunta
E ocupa um centro: a morte, a fera
da vida
te lambendo

Para o eu que desponta nesses versos, em nova metamorfose, caem as "grades" do mundo. A "fera" do desejo não o atormenta e a Arte Erótica abre-lhe o caminho da sabedoria. (Nunes, 2009a, p.354)

De posse de informações acerca do *I Ching*, é possível visualizar, nessa poesia de Max Martins (1992a), dois trigramas: a terra (atributo essencialmente feminino, formado por três linhas maleáveis – *yin*) e o lago (formado por uma linha maleável e duas firmes – *yang*). O trigrama da terra sobre o do lago – sugestão presente na terceira estrofe do poema – forma o hexagrama 19, Lin/Aproximação. Com essa composição, as duas linhas *yang* ficam na primeira e na segunda posições (a parte mais baixa do hexagrama), e sugerem ascensão, subida, aproximação.

No texto específico que acompanha cada linha, elas são identificadas com as referências "Aproximação em conjunto" e "Aproximação conjunta" (termo presente na última estrofe do poema), respectivamente. No primeiro caso, o texto da linha, como se verá a seguir, aborda o que se comunga com o retorno aludido logo nos primeiros versos do poema de Max: "O bem começa a prevalecer e a encontrar apoio em círculos influentes. Isso é também incentivo para que pessoas capazes se aproximem, diz o texto" (Wilhelm, 2006, p.80). No segundo, o texto correspondente traz a ideia que encerra o poema – a morte como aproximação inconteste, movimento natural do destino. Ideia que ganha interpretação de Nunes (1992) com a alusão ao conceito de Nietzsche (2012) de "amor ao destino", advindo da consciência e tácita aceitação da transitoriedade das coisas, conforme o filósofo o formulou, pela primeira vez, em *A gaia ciência*. A lei universal do destino é o que encerra o texto referente à linha *yang* na segunda posição:

DO DORSO À CAUDA DO TIGRE

[...] quando o estímulo à aproximação vem do alto e o homem possui em seu interior a força e a integridade que tornam prescindíveis as advertências, a boa fortuna se seguirá. Nem deve o futuro ser causa de qualquer preocupação. Ele está consciente de que tudo na terra é transitório e que a cada ascensão segue-se um declínio. (Wilhelm, 2006, p.80)

Em momento algum deste livro pretendeu-se levantar questões especulativas, infrutíferas, acerca da não abordagem crítica do *I Ching* por parte de Nunes quando de suas análises sobre o conjunto da obra de Clarice. Circundando o núcleo de uma significativa rosácea de convergências, entretanto, sua argumentação finalmente encontra um ponto de paragem em uma resposta dada por Benedito Nunes a Haroldo de Campos, resposta que tem como centro, ou pretexto, uma notação ideogrâmica.

Um diálogo unificador entre Benedito Nunes e Haroldo de Campos

Em 1981, Haroldo de Campos e Benedito Nunes encontravam-se em Austin, na Universidade do Texas, como professores visitantes de um mesmo programa de Literatura Brasileira. No ensaio "Encontro em Austin", publicado no livro *A clave do poético*, Nunes (2009a) relembra uma "estirada conversa" que ambos tiveram, em um fim de tarde, no apartamento em que se instalara Haroldo. Dessa tertúlia surgiu, por parte do colega, a proposta de uma nova conversação. Nunes (ibidem) conta que o poeta se mostrava indiferente à leitura que o filósofo fazia de um ou dois capítulos de seu livro então em andamento, *Passagem para o poético: filosofia e poesia em Heidegger* (idem, 2012), acerca da concepção heideggeriana de linguagem e de poesia, que tinha como uma de suas fontes principais o escrito de Heidegger (2012) "De uma conversa sobre a linguagem entre um japonês e um pensador", já lido por Haroldo:

Da nossa estirada conversa, por entre pausas de leitura, ficou-me na lembrança, por todos esses anos, a proposta de Haroldo para que travássemos os dois, algum dia, uma conversação intercorrente àquela, diálogo dentro de tal diálogo, concêntrico ou excêntrico à sua matéria. (Nunes, 2009a, p.303)

Em tom narrativo, Nunes prossegue, nos seguintes termos, com a rememoração:

> Se o projeto não se realizou, a culpa foi toda de uma falsa expectativa minha. Aguardei que algo em prosa, no gênero ensaístico, viesse da parte do meu interlocutor. Hoje percebo que ele encetou a discussão sem demora, ali mesmo em Austin; mas o fez tomando a palavra em "Aisthesis, Kharis: Iki" – Koan – [glosa heideggeriana para Benedito Nunes], poema de *Austineia desvairada*, inserto em *A educação dos cinco sentidos* (1985). (ibidem, p.303-304)

Transcrito o poema, Nunes prossegue com o que considera "tardia resposta do pretexto ao diálogo que motivou o citado poema comentário" (ibidem, p.304):

> Se Heidegger tivesse olhado
> para o ideograma
> enquanto escutava o discípulo
> japonês
>
> (como Pound olhou para ming 明 sollua
> como o olho cubista de gaudier-brzeska
> depois de dar ouvido a fenollosa)
>
> teria visto que a cerejeira cereja Koto ba 言葉
> das ding dingt
> florchameja
> no espaço indecidível
> da palavra
> iki

A caminho da linguagem, publicado pela primeira vez em 1959, reúne ensaios e conferências redigidos e apresentados por Heidegger (2012) nos anos 1950. Um dos ensaios dessa coletânea é, na verdade, um extenso e complexo diálogo entre o filósofo e o professor Tezuka, da Universidade Imperial de Tóquio, que o visitou naquela década. Buscar o sentido de *Iki* e

DO DORSO À CAUDA DO TIGRE 151

de *koto ba*, traduções difíceis tanto para o professor japonês quanto, sobretudo, para o filósofo de Freiburg, é o fio condutor do diálogo, intitulado "De uma conversa sobre a linguagem entre um japonês e um pensador".

Antes de reportar-se especificamente ao poema, Nunes (2009a) adianta, criticamente, que o diálogo empreendido por Heidegger e Tezuka poderia ter se aplainado em ponto comum a ambas as culturas tão diversas: o pensar essencialmente poético, nem sequer representacional (como o ideograma), nem sequer proposicional (como a gramática ocidental). Esse é o pensar liberto, ainda por vir, que nos conduziria sempre, por caminhos mesmo que diversos, a uma mesma correspondência entre o homem e o ser (ibidem, p.305).

Na trilha dessa correspondência [completa Nunes] poderiam os interlocutores compreender que o significado de *iki*, algo assim como Graça, a Kharis grega, para o japonês, a "verdade da arte", é independente da estética, e que a palavra com que na língua de Tezuka se nomeia linguagem, *koto ba* – "pétalas de flores surgidas no exultante esplendor da graça" – é, para o mestre alemão, a verdade da mesma linguagem, independentemente da linguística, e incompatível com o idioma da metafísica que nos deu *Sprache*, glosa, língua e linguagem. (ibidem, p.306)

Com esse adiantamento crítico, Nunes (ibidem) se mostra alinhado à reflexão do próprio professor Tezuka quando este se mostra clarificado pelo uso da palavra "aceno" por parte de Heidegger. Visando se aproximarem de um sentido sem limitá-lo em um conceito, acenar é o que ambos perseguem ao quererem traduzir a palavra japonesa (trata-se de *koto ba*) que fale da essência da linguagem sem se valer de nada da categoria linguística, como algo, nas palavras de Heidegger (2012, p.91), que "apenas acena em direção à essência da linguagem". Ajudado por essa "palavra liberadora", Tezuka lembra-se de que, durante um trabalho de tradução que realizava (e eis aqui o alinhamento de que se falou), "às vezes, brilhava um lampejo" que lhe "permitia pressentir que línguas fundamentalmente diversas têm uma mesma fonte essencial" (ibidem, p.93).

Após, ainda, bastante troca dialógica, Tezuka finalmente rende-se ao dizer da tal palavra:

P – Qual é a palavra japonesa para "linguagem"?

J – (Depois de muita hesitação) É *Koto ba.*

P – Mas o que diz ela?

J – *Ba* evoca as folhas, sobretudo as folhas da floração. Pense na floração da cerejeira e da ameixeira.

P – E o que diz *koto?*

J – Esta já é uma pergunta mais difícil de responder. Uma tentativa de explicação já ficou mais fácil por termos ousado esclarecer o *iki* como a atração pura no apelo do silêncio. O sopro do silêncio, que faz acontecer em sua propriedade o apelo desta atração, é o vigor que deixa aparecer a própria atração. *Koto*, no entanto, também evoca o atrativo nele mesmo, que aparece unicamente no instante irretomável com a plenitude de sua graça. (ibidem, p.111)

Logo adiante, aludindo à escuta da palavra e não à "carnadura de seu signo", como afirma Nunes (2009a), Tezuka ainda esclarece:

J – Escutando, a partir desta palavra, a linguagem é: folhas da florescência, vindas de *koto*. (Heidegger, 2012, p.112)

São esses os termos que nos conduzem à compreensão do poema-comentário de Campos (1985) – leitor atentíssimo de Fenollosa e de Pound –, para quem a visibilidade, a corporeidade e a espacialidade da palavra são expedientes essenciais. A parte às observações críticas iniciais que fez ao diálogo, Nunes, a essa altura, pondera:

Heidegger não olhou para o ideograma, termo apenas mencionado, de raspão, na conversa dos dois professores. Se pudesse ter olhado com o olho de quem conhecesse – nesse caso, o de Tezuka, que só se limitou aos vocábulos pronunciados, sem ao menos informar a seu colega acerca da insuficiência disso – teria captado a epifania na carnadura dos signos pictográficos, isto é, que a cerejeira cereja, coisa que não se pode discernir auscultando apenas o dizer da palavra. E teria percebido mais, posto que metafórico é o funcionamento do ideograma, a metáfora flor chameja, verdadeiro solo do pensamento feito poesia ou da poesia do pensamento. (Nunes, 2009a, p.307)

DO DORSO À CAUDA DO TIGRE   153

Dito isso, o filósofo, entretanto, volta-se ao fato de Heidegger, com efeito, ter rejeitado a dualidade do significado e do significante e, assim, ter colocado sob suspeita a metáfora. Porém, ressalva-o Nunes (ibidem), o filósofo parece se esquecer de que a metáfora é o próprio ato da linguagem ou o princípio de seu jogo. Sendo essa palavra, "jogo", que tanto se presta à poesia de linhagem moderna, também eminente no "personalíssimo estilo filosófico de Heidegger", a cuja órbita de confluência poética, completa Nunes (ibidem), pertencem as verbalizações de substantivos por ele empreendidas, como *Die Welt weltet* ("o mundo mundeia"), *Die Zeit zeitigt* ("o tempo tempora"), *Das Ding dingt* ("a coisa coiseia") (ibidem, p.308).

Ao retomar essas proposições do filósofo, Nunes (ibidem), pouco antes de tecer elogiosos comentários ao título do poema de Campos (1985),[6] assim epiloga sua leitura-resposta:

Agora podemos perceber que o nono verso de "Aisthesis, Kharis: Iki" é uma citação irônica da tautologia poética *Das Ding dingt*, tentativa de topologia do ser. A coisa coiseia como a cerejeira cereja e a flor chameja. A ironia da citação nessa glosa heideggeriana, que como *koan* se apresenta, faz ver que o pensador de *Ser e tempo* chegou pelo estilo auricular de sua última filosofia – mais hebraico que grego, segundo observa Marlène Zarader –, ao escrever *Das Ding dingt*, a um resultado análogo àquele a que já chegara um estilo de poesia medido pela visualidade cubista e pela inteligência chinesa. (Nunes, 2009a, p.308)

─────────

6 "Isso tudo levado em conta, se agora meditarmos no título do poema de Haroldo de Campos, 'Aisthesis, Kharis: Iki', veremos que a ironia do comentário se prolonga na ironia da história: as duas matrizes gregas, a profana *aisthesis* e a *Kharis* sacral, são postas em correspondência com *Iki* que as sintetiza. Levando-nos para fora do âmbito do poema, essa correspondência assinala o alcance histórico dessas matrizes. Última notação do exemplarismo que examinamos, o seu título é um emblema da proximidade entre poesia e pensamento, ou, se quisermos, entre poesia e filosofia. [...] Mas, em Haroldo de Campos a proximidade entre poesia e pensamento, conforme atesta a sua glosa heideggeriana, faz-se à custa da reflexão introduzida no jogo da linguagem, o que Heidegger não admitiria. De onde se conclui que na obra de meu interlocutor, em constante dialogação com pensadores-poetas como Heráclito e Alghazali, e com poetas-pensadores, como Dante, Goethe e Leopardi, a poesia do pensamento, tanto na criação quanto na tradução recriadora, complementa-se pelo pensamento da poesia, histórica e criticamente considerada" (Nunes, 2009a, p.309).

154   CLARICE LISPECTOR E O CLÁSSICO CHINÊS I *CHING*

Desse modo, ao final de seu comentário, que, por sua vez, se reporta às referências dos versos 6 e 7 do poema de Haroldo,[7] Nunes (ibidem), retomando alusão a Gaudier-Brzeska e a Fenollosa, finaliza sua resposta ressaltando, na ironia trazida por Campos (1985) (e na esteira das ressalvas ao diálogo já feitas), a presença de uma correspondência, no campo da analogia, entre a linguagem do Ocidente e a do Oriente, representadas, no poema, por Heidegger, de um lado, por Gaudier-Brzeska, Fenollosa e Pound, de outro. Ou seja, assim como Nunes (2009a) considerou que no diálogo entre o Japonês e o Pensador havia brechas para se chegar a um ponto comum às duas culturas – o pensar essencialmente poético, nem representacional, nem proposicional –, completa a tardia resposta a Campos (1985) reforçando que no verso irônico de seu poema não deixa de haver uma resultante ocidental análoga à oriental.

Finalmente, tendo percorrido sua trilha, que envolveu circundar a referida rosácea – significativa teia de relações e convergências –, esta argumentação completa, aqui, os termos de sua proposição: que os vazios plenos de sentido deixados por Benedito Nunes (1995, 1996, 2009a, 2009b, 2009c) no transcurso da trajetória aqui traçada são "análogos" aos preenchimentos com os quais a "inteligência chinesa", pela via do *Clássico das mutações* e pela via da escrita ideogrâmica – que também lhe pertence –, instrumentaliza-nos, a fim de que possamos ler a pluralidade que mantém sempre renovada – como que em movimento contínuo – a literatura de Clarice Lispector.

---

7 Em *ABC da literatura*, Pound comenta que seu amigo, o escultor franco-polonês Henri Gaudier-Brzeska, era capaz de ler a escrita ideogramática chinesa sem qualquer estudo, porque simplesmente "acostumado a olhar para a forma real das coisas" (2013, p.29).

CONSIDERAÇÕES FINAIS

Um bustrofédon resplandecente

> *Não jogamos com as palavras, mas é a essência*
> *da linguagem que joga conosco, não somente no*
> *presente caso, não apenas hoje, mas desde há*
> *muito e sempre.*
>
> *(Heidegger)*

Um dos argumentos que alinhavam as hipóteses levantadas por este livro é a Aderência apresentada em seus múltiplos arranjos como um expediente intrínseco à maneira como se dá a representação da realidade na ficção de Clarice Lispector, o que ocorre em conformidade com depoimentos da própria escritora acerca do seu modo de trabalhar. Já tendo sido, ainda que de modo difuso, esparso, reconhecida e analisada por outros críticos, em especial por Benedito Nunes (1995, 1996, 2009a, 2009b, 2009c), acredita-se que, nesse âmbito, a contribuição dessa argumentação se dê, inicialmente, no fato de a Aderência ter sido sistematicamente reunida em um amplo agrupamento de exemplos diversos e coesos, o que a alça em importância, subscrevendo uma poética clariciana.

Em um segundo momento, sua contribuição pode se consolidar no fato de a Aderência ter sido revisitada em paralelo com as características do trigrama Li, o Aderir ou a Claridade, constitutivo do *Clássico das mutações*. As complexas e analógicas possibilidades de compreensão de Li parecem permitir sustentar e caracterizar os termos de sua correlação com o princípio da Aderência em Clarice, ressignificando-o. Tal correlação parece ter sua pertinência reforçada nas indicações ficcionais e nas evidências biográficas do interesse de Clarice pelo *I Ching* e pelo signo chinês, de modo geral, com os quais, propôs-se, a escritora guarda afinidades éticas e estéticas. A plausibilidade dessa proposição se reforça também com as diretas e indiretas, lineares e não lineares relações entre Clarice e o signo chinês – elas parecem falar de um *Zeitgeist* em torno da escritora (afim às suas inclinações e às suas intuições), que se estendeu durante todo o seu ofício, da década de 1940 à década de 1970.

O principal caminho que se abriu à questão oriental foi o do apontamento da semelhança entre o conceito de criação artística expresso no *Livro das mutações* e a metáfora, presente em *A paixão segundo G.H.*, da nebulosa de fogo esfriada em terra – metáfora que, no introito do romance, é bastante singularizada em virtude das relações de repetição que a suspendem e tensionam. Ao mesmo tempo que tal imagem é coincidente com a que se lê no *I Ching* como representativa do fazer artístico, ela o é com o *pathos* da escrita elaborado por Benedito Nunes (2009b). Assim, sugeriu-se que ao *pathos* da escrita, como destacado pelo crítico, pode ser acrescida a mística chinesa presente no *Livro das mutações* enquanto um dos exemplos de intuitiva apropriação estética por parte da escritora, conforme o fundamentou Nunes (1995, 2009c) a partir não do *I Ching*, mas de outras fontes da mística ocidental e oriental.

Os argumentos arrolados nesse entorno permitiram propor, ainda, novas possibilidades de leitura interpretativa à temática da beleza progressivamente abordada ao longo do romance, à mão do tu imaginário solicitada por G.H., aos seis traços que abrem e fecham a narrativa, ao conto "Os desastres de Sofia" e, extensivamente, ao conto "Antes da Ponte Rio-Niterói", no que este contrasta com a história narrada por Sofia. Na trilha das afinidades com a estética oriental, o livro traz leitura interpretativa, ainda, para a crônica "A geleia viva como placenta", para metáforas de escrita presentes no final de "Lembranças da feitura de um romance" e em uma breve sentença de *A paixão segundo G.H.* De modo geral, acredita-se que essa abordagem possa redimensionar a figuração do *I Ching* na escrita de Clarice, para além da referência oracular abordada mais comumente.

Cadencialmente a essas considerações, levantaram-se outras proposições de Nunes acerca da escrita de Clarice afins aos veios interpretativos passíveis de serem extraídos do cotejo dessa escrita com aspectos textuais do *I Ching* ou mesmo com os princípios de uma

CONSIDERAÇÕES FINAIS

escrita ideogrâmica – idealizada ou metaforicamente realizada pela escritora. Ao mesmo tempo, levantaram-se múltiplas referências, trazidas por Nunes (1982, 1995, 1996, 2009a, 2009b, 2009c), relativas à estética oriental, presentes em ensaios em que o crítico abordou a mística oriental em Clarice sem tratar do *I Ching*, ou em que abordou o *I Ching* sem que estivesse tratando de Clarice, ou em que abordou a renga e o ideograma – cujas reflexões, conforme se buscou levantar, guardam afinidades com as argumentações que deram corpo a este livro. Tudo isso somado resultou na proposição, conclusiva, de que *Clarice Lispector e o clássico chinês* I Ching*: símbolos em convergência* incide em espaços vazios, plenos de sentido, deixados ou preparados pela extensa crítica clariciana realizada por Benedito Nunes (1995, 1996, 2009a, 2009b, 2009c).

Em tempo, podem pairar sobre a reunião e revisitação sistemática dos variados exemplos de Aderência questionamentos acerca não apenas de seu significado em si, mas também do significado de sua constância, daquilo que, reincidentemente, se avoluma, do sentido que se subscreve por força da repetição. No livro, figuraram as respostas acerca da primeira questão, e elas caminharam na direção de enfeixar traços característicos dos narradores em relação a suas matérias narrativas. A Aderência, assim, foi significada em consonância com um narrador intuitivo, prenhe de uma vocação, que, a depender do modo como se relaciona com sua história e com seus personagens, afeta entusiasmo ou cansaço; humor, ironia ou gravidade. Já Benedito Nunes (2009b), no ensaio "A paixão de Clarice Lispector", escrito em 1978, parece trazer resposta à segunda questão, acerca do que subjaz na reiteração do que aqui denominamos *Aderência*, e ele, *narrativa monocêntrica*, em retomada de um ensaio que escrevera em 1973.

Citando Machado de Assis, Oswald de Andrade, Daniel Defoe e Max Frisch, o crítico reconhece a ilustre precedência literária do narrador trocista de *A hora da estrela*, mas, em ressalva, ressalta o importante sentido da aparição ostensiva da brincadeira com o leitor e do jogo com a autoria que se dá nesse último trabalho da escritora, publicado dois meses antes de sua morte. Para Nunes (ibidem), ao indicar os artifícios de que se vale para captar o real e ao aceitar essa contingência, a literatura, na novela de 1977, desnuda-se como literatura, na linha, agora, da revolução romanesca operada por Marcel Proust, Virginia Woolf, James Joyce, Thomas Mann, Faulkner, Jorge Luis Borges, Julio Cortázar e Guimarães Rosa:

Em vez de apenas mostrar contrita os disfarces que a travestem, ostentará, audaciosamente, o fingimento de que retira sua força, com isso desencobrindo a exigência veritativa que também move a criação literária. Ao buscar a sua própria verdade, recusando-se à ideia tradicional, que igualou a imaginação à fantasia irresponsável e inconsequente, a ficção se despe, em dissídio consigo mesma e em disputa com o real, no último livro de Clarice Lispector. (ibidem, p.203)

Segundo Nunes (ibidem), ainda que alinhada ao que já se estabelece como tendência na ficção moderna, Clarice pessoaliza e singulariza, desde *Perto do coração selvagem*, a análise introspectiva da consciência individual, o que, palavras do crítico, ganha, no desnudamento de *A hora da estrela*, um "arremate clarificador", a partir do qual se pode distinguir no conjunto da produção clariciana, segundo ele, "a linha direcional do processo de criação literária que estabelece a coesão de tantos escritos diferentes na unidade de uma só obra", como uma espécie de "reversão dialética do Tempo", por meio da qual, continua Nunes, "o fim de um processo esclarece o seu princípio" (ibidem, p.199). O que Nunes propõe como evidência do caminho pessoal e singular trilhado por Clarice consiste não apenas no fato de a consciência individual ser o centro mimético de suas histórias, mas representar o sustentáculo de uma narrativa que é "monocêntrica", porque, explica o crítico, "centralizada na introspecção de um personagem privilegiado, com que se confunde ou tende a confundir-se a posição do narrador" (ibidem, p.206).

Como se viu, o narrador de *A hora da estrela*, mais do que se confundir, funde-se em Macabéa, a fim de que possa narrar sua história. Desse modo, Nunes (ibidem), embora não esteja se reportando à Aderência de modo sistemático, como aqui foi feito, o está conceitualmente, ao singularizar a escrita clariciana como monocêntrica no que se confundem ou tendem a se confundir narradores e personagens; no que se aderem, colam-se, grudam-se, no que se capta, pega-se, adivinha-se, conforme se rastreou por essas páginas.

É por esse caminho que Nunes (ibidem) vai além da troça de Rodrigo SM. Mais do que um narrador tradicionalmente trocista, Rodrigo SM – "(na verdade Clarice Lispector)" – comunga com um longo percurso de Aderência (ou de monocentrismo), deflagrando-o, e cujo fim, inescapável,

CONSIDERAÇÕES FINAIS

só pode ser sua morte – na verdade, a de Clarice Lispector –, uma vez que morre a personagem a quem está fundido(a). Eis o "arremate clarificador" ao qual se refere Benedito Nunes (ibidem), o fim de uma trajetória literária a partir do qual é possível esclarecer o seu início. É ainda disso que está tratando o crítico quando, acerca da compaixão de *A hora da estrela*, dessa vez no ensaio "A escrita da paixão", assevera:

> Nesse novo momento de verdade, a paixão de Clarice Lispector torna-se compaixão; o *pathos* solitário converte-se em simpatia como forma de padecimento comum, unindo até o extremo da morte, *in extremis*, a narradora com a moça nordestina anônima. (Nunes, 2009a, p.229)

Tendo realizado as tantas *idas e venidas* entre o dorso e a cauda do tigre, como se em escrita bustrofédica[1] dentro de jaula rajada, *Clarice Lispector e o clássico chinês* I Ching busca, por fim, reencontrar também nos nomes e prenomes da escritora e do trigrama Li o "clarificador" sentido que se subscreve com a repetição da Aderência (Figura 1).

Por um encontro de significantes, na meia-volta bustrofédica, Clarice Lispector [é aquela que] escreve a Aderência ao mesmo tempo que é por ela escrita.

Figura 1 – Bustrofédon envolvendo partes do nome de Clarice e a denominação do trigrama Li, o Aderir.

CLARIce **LI**spector

edad**IRALC** a **IL**

---

1 "Bustrofédon (gr. *bous*, "boi", *strophe*, "volta"), ou escrita bustrofédica, [é aquela] em que a primeira linha do texto, descrevendo um semicírculo, continua na seguinte, mas da direita para a esquerda, e ao término desta, retorna pela esquerda da linha seguinte até o fim, recomeçando pela direita da linha subsequente, e assim sucessivamente, como os sulcos do arado da terra" (Moisés, 2013, p.344).

Referências

ALLEAU, R. *A ciência dos símbolos*. Lisboa: Edições 70, 2001.

AUERBACH, E. *Mimesis:* a representação da realidade na literatura ocidental. São Paulo: Perspectiva, 2011.

AUGUSTO, S. Emoção pura. *O Estado de S. Paulo*, São Paulo, 14 nov. 2015.

AZEVEDO, A. V. de. Por amor a Hs. *Nuntius Antiquus*. Belo Horizonte, v.12, n.1, p.159-176, 2016.

BORELLI, O. *Clarice Lispector:* esboço para um possível retrato. Rio de Janeiro: Nova Fronteira, 1981.

BORGES, J. L. *Elogio da sombra:* poemas – *Perfis:* um ensaio autobiográfico. 4.ed. Rio de Janeiro: Globo, 1970.

BORGES, J. L. La moneda de hierro. In: *Obras completas IV (1975-1985)*. Buenos Aires: Emecé, 1989.

BORGES, J. L. *Outras inquisições*. São Paulo: Companhia das Letras, 2007.

BOSI, A. *História concisa da literatura brasileira*. 3.ed. São Paulo: Cultrix, 1981.

CAGE, J. *De segunda a um ano*. 2.ed. Rio de Janeiro: Cobogó, 2013.

CAMPOS, A. de. CAGE: CHANCE: CHANGE. In.: CAGE, J. *De segunda a um ano*. 2.ed. Rio de Janeiro: Cobogó, 2013.

CAMPOS, A. de. *Viva vaia*. 5.ed. São Paulo: Ateliê, 2014.

CAMPOS, A. de. *Outro*. São Paulo: Perspectiva, 2015.

CAMPOS, A. de; CAMPOS, H. de; PIGNATARIA, D. *Mallarmé*. São Paulo: Perspectiva, 2013

CAMPOS, H. (Org.). *Ideograma:* lógica, poesia e linguagem. Trad. Heloysa de Lima Dantas. São Paulo: Cultrix, 1977.

CAMPOS, H. de. Aisthesis, Kharis: Iki. In: CAMPOS, H. de. *A educação dos cinco sentidos*. São Paulo: Brasiliense, 1985.

CANDIDO, A. *Vários escritos*. São Paulo: Duas Cidades, 1970.

162 CLARICE LISPECTOR E O CLÁSSICO CHINÊS I CHING

CANDIDO, A. No começo era de fato o verbo. In: LISPECTOR, C. *A paixão segundo G.H.* Edição crítica, coord. Benedito Nunes. 2.ed. Madrid; Paris; Ciudad de México; Buenos Aires; São Paulo; Rio de Janeiro: ALLCA XX, 1996. (Coleção Archivos).

CHAGAS, L. B. *Videopoemas:* a tradução eletrônica da poesia visual. Campinas, 1999. Dissertação (Mestrado em Multimeios) – Instituto de Artes, Unicamp.

CHENG, A. *História do pensamento chinês.* Petrópolis: Vozes, 2007.

CHENG, F. *La escritura poética china:* seguido de una antología de poemas de Los Tang. Valencia: Pre-testos, 2007.

CHEVALIER, J.; GHEERBRANT, A. *Dicionário de símbolos.* Rio de Janeiro: José Olympio, 2008.

COMPAGNON, A. *O demônio da teoria:* literatura e senso comum. Belo Horizonte: Ed. UFMG, 1999.

COWLEY, M. (Org). *Escritores em ação:* as famosas entrevistas à *Paris Review*, por Alberto Moravia e outros. 2.ed. Trad. Brenno Silveira. Rio de Janeiro: Paz e Terra, 1982.

FENOLLOSA, E. F. *"Noh" or Accomplishment: A Study of the Classical Stage of Japan, with Ezra Pound.* London: Macmillan and Co., 1916.

GENETTE, G. *Discurso da narrativa.* Lisboa: Arcádia, 1979.

GILES, H. A. *A History of Chinese Literature.* New York: Grove Press, 1923.

GOMES, A. L. *Clarice em cena:* as relações entre Clarice Lispector e o teatro. Brasília: Editora UnB, 2007.

GOTLIB, N. B. *Clarice:* uma vida que se conta. São Paulo: Ática, 1995.

GOTLIB, N. B. Um fio de voz: histórias de Clarice. In: LISPECTOR, C. *A paixão segundo G.H.* Edição crítica, coord. Benedito Nunes. 2.ed. Madrid; Paris; Ciudad de México; Buenos Aires; São Paulo; Rio de Janeiro: ALLCA XX, 1996. (Coleção Archivos).

GOTLIB, N. B. *Clarice:* fotobiografia. São Paulo: Edusp; Imprensa Oficial do Estado de São Paulo, 2008.

HEIDEGGER, M. *A caminho da linguagem.* 6.ed. Trad. Marcia Sá Cavalcante Schuback. Petrópolis: Vozes; Bragança Paulista: Editora Universitária São Francisco, 2012.

HESSE, H. *O jogo das contas de vidro.* Rio de Janeiro: Record, 1971.

HSUAN-NA, T. *Ideogramas e a cultura chinesa.* São Paulo: É Realizações, 2006.

IANNACE, R. *A leitora Clarice Lispector.* São Paulo: Edusp; Fapesp, 2001.

JAMES, H. A arte da ficção. In: NOSTRAND, A. D. Van. (Org.). *Antologia de crítica literária.* Trad. Márcio Cotrim. Rio de Janeiro: Lidador, 1968.

JULLIEN, F. *Figuras da imanência:* para uma leitura filosófica do *I Ching*, o clássico da mutação. São Paulo: Editora 34, 1997.

REFERÊNCIAS

LAUDANNA, M. (Org). *Maria Bonomi*: da gravura à arte pública. São Paulo: Edusp; Imprensa Oficial do Estado de São Paulo, 2007.

LEMINSKI, P. *O ex-estranho*. São Paulo: Iluminuras, 1996.

LEMINSKI, P. *Toda poesia*. São Paulo: Companhia das Letras, 2013.

LERNER, J. *Clarice Lispector, essa desconhecida*. São Paulo: Via Lettera, 2007.

LIMA, L. C. A mística ao revés de Clarice Lispector. In: LISPECTOR, C. *A paixão segundo G.H.* Edição crítica, coord. Benedito Nunes. 2.ed. Madrid; Paris; Ciudad de México; Buenos Aires; São Paulo; Rio de Janeiro: ALLCA XX, 1996. (Coleção Archivos).

LISPECTOR, C. *A paixão segundo G.H.* Edição crítica, coord. Benedito Nunes. 2.ed. Madrid; Paris; Ciudad de México; Buenos Aires; São Paulo; Rio de Janeiro: ALLCA XX, 1996. (Coleção Archivos).

LISPECTOR, C. *Água viva*. Rio de Janeiro: Rocco, 1998a.

LISPECTOR, C. *A via crucis do corpo*. Rio de Janeiro: Rocco, 1998b.

LISPECTOR, C. *Felicidade clandestina*. Rio de Janeiro: Rocco, 1998c.

LISPECTOR, C. *A descoberta do mundo*. Rio de Janeiro: Rocco, 1999a.

LISPECTOR, C. *A legião estrangeira*. Rio de Janeiro: Rocco, 1999b.

LISPECTOR, C. *Laços de família*. Rio de Janeiro: Rocco, 1999c.

LISPECTOR, C. *Onde estivestes de noite*. Rio de Janeiro: Rocco, 1999d.

LISPECTOR, C. *Um sopro de vida*. Rio de Janeiro: Rocco, 1999e.

LISPECTOR, C. *Correspondências*. Org. Teresa Montero. Rio de Janeiro: Rocco, 2002.

LISPECTOR, C. *Outros escritos*. Rio de Janeiro: Rocco, 2005.

LISPECTOR, C. *A hora da estrela*. Edição especial com audiolivro. Rio de Janeiro: Rocco, 2006.

LISPECTOR, C. *Todas as cartas*. Org. Teresa Montero. Rio de Janeiro: Rocco, 2020.

MANZO, L. *Era uma vez: eu* – a não-ficção na obra de Clarice Lispector. Curitiba: Secretaria de Estado da Cultura, 1998.

MARTINS, M. *Não para consolar*: poemas reunidos, 1952-1992. Belém: Cejup, 1992a.

MARTINS, M. *Para ter onde ir*. Belém: Edufpa, 1992b.

MARTINS, M.; CARVALHO, A. *A fala entre parêntesis*. Belém: PMB/Semec/Grafisa; Edições Grapfo, 1982.

MENDES, M. *Poliedro*. Rio de Janeiro: José Olympio, 1972.

MENDEZ, M.; DARRIGRANDI, C.; MALLEA, M. (Org.). *El arte de pensar sin riesgos:* 100 años de Clarice Lispector. Buenos Aires: Corregidor, 2021.

MICHAUX, H. *Ideogramas en China:* captar mediante trazos. Madrid: Círculos de Bellas Artes, 2006.

MOISÉS, M. *Dicionário de termos literários*. São Paulo: Cultrix, 2013.

164 CLARICE LISPECTOR E O CLÁSSICO CHINÊS I CHING

MONTERO, T. *À procura da própria coisa:* uma biografia de Clarice Lispector. Rio de Janeiro: Rocco, 2021.

MOSER, B. *Clarice.* São Paulo: Cosac Naify, 2009.

NIETZSCHE, F. *A gaia ciência.* São Paulo: Companhia das Letras, 2012.

NUNES, B. *Leitura de Clarice Lispector.* São Paulo: Quíron, 1973.

NUNES, B. Jogo marcado. In: MARTINS, M.; CARVALHO, A. *A fala entre parêntesis.* Belém: PMB/Semec/Grafisa; Edições Grapfo, 1982.

NUNES, B. Max Martins, mestre-aprendiz. In: MARTINS, M. *Não para consolar:* poemas reunidos, 1952-1992. Belém: Cejup, 1992.

NUNES, B. *O drama da linguagem:* uma leitura de Clarice Lispector. São Paulo: Ática, 1995.

NUNES, B. Nota filológica. In: LISPECTOR, C. *A paixão segundo G.H.* Edição crítica, coord. Benedito Nunes. 2.ed. Madrid; Paris; Ciudad de México; Buenos Aires; São Paulo; Rio de Janeiro: ALLCA XX, 1996. (Coleção Archivos).

NUNES, B. (Org.). *O amigo Chico:* fazedor de poetas. Belém: Secult, 2001.

NUNES, B. *A clave do poético.* São Paulo: Companhia das Letras, 2009a.

NUNES, B. A paixão de Clarice Lispector. In: NOVAES, Adauto (Org.). *Os sentidos da paixão.* São Paulo: Companhia das Letras, 2009b.

NUNES, B. *O dorso do tigre.* São Paulo: Editora 34, 2009c.

NUNES, B. *Passagem para o poético:* filosofia e poesia em Heidegger. São Paulo: Loyola, 2012.

PAZ, O.; TAE, J. K. *I Ching* y creación artística. *Claves de Razón Práctica*, Ciudad de México, n. 61, 1996.

PAZ, O.; CHUMACERO, A.; PACHECO, J. E.; ARIDYS, H. (Org.). *Poesía en movimiento.* Ciudad de México: Siglo Veintiuno, 2008.

PELLEGRINI, T. Realismo: postura e método. *Letras de Hoje*, Porto Alegre, v. 42, n. 4, 2007.

PESSANHA, J. A. Clarice Lispector: o itinerário da paixão. In: LISPECTOR, C. *A paixão segundo G.H.* Edição crítica, coord. Benedito Nunes. 2.ed. Madrid; Paris; Ciudad de México; Buenos Aires; São Paulo; Rio de Janeiro: ALLCA XX, 1996. (Coleção Archivos).

PIGLIA, R. *Prisão perpétua.* São Paulo: Iluminuras, 1989.

POUND, E. *ABC da literatura.* 12.ed. São Paulo: Cultrix, 2013.

POTET, J. P. G. *Yeats and Noh.* Research Triangle (North Carolina): Lulu Press, 2015.

ROCHA, E. (Org.). *Encontros:* Clarice Lispector. Rio de Janeiro: Beco de Azougue, 2011.

ROSENBAUM, Y. *Metamorfoses do mal:* uma leitura de Clarice Lispector. São Paulo: Edusp/Fapesp, 1999.

REFERÊNCIAS

SÁ, O. de. *A escritura de Clarice Lispector*. Petrópolis: Vozes; São Paulo: Educ, 1979.

SÁ, O. de. Paródia e metafísica. In: LISPECTOR, C. *A paixão segundo G.H.* Edição crítica, coord. Benedito Nunes. 2.ed. Madrid; Paris; Ciudad de México; Buenos Aires; São Paulo; Rio de Janeiro: ALLCA XX, 1996. (Coleção Archivos).

SÁ, O. de. *Clarice Lispector:* a travessia do oposto. São Paulo: Annablume, 2004.

SANT'ANNA, A. R. de; COLASANTI, M. *Com Clarice.* São Paulo: Ed. Unesp, 2013.

SOLAR, X. *Los san signos:* Xul Solar y el *I Ching.* Buenos Aires: El Hilo de Ariadna; Fundación Pan Club, 2012.

SOLAR, X.; BORGES, J. L. *Língua e imagem.* São Paulo: Centro Cultural Banco do Brasil; Fundação Memorial da América Latina, 1998.

SOUSA, C. M. de. *Clarice Lispector:* figuras da escrita. São Paulo: Instituto Moreira Salles, 2012.

SOUSA, C. M. de. *Clarice Lispector:* pinturas. Rio de Janeiro: Rocco, 2013.

SOUZA, A. R. de. *Iniciação aos estudos literários.* São Paulo: Martins Fontes, 2006.

TEZZA, C. *A suavidade do vento.* Rio de Janeiro: Rocco, 2003.

VARIN, C. *Línguas de fogo:* ensaio sobre Clarice Lispector. Trad. Lúcia Peixoto Cherem. São Paulo: Limiar, 2002.

WATT, I. *A ascensão do romance:* estudos sobre Defoe, Richardson e Fielding. São Paulo: Companhia das Letras, 1990.

WILHELM, R. *A sabedoria do I Ching:* mutação e permanência. São Paulo: Pensamento, 1995.

WILHELM, R. (Org. e trad.). *I Ching:* O livro das mutações. São Paulo: Pensamento, 2006.

WILHELM, R.; JUNG, C. G. *O segredo da flor de ouro:* um livro de vida Chinês. Petrópolis: Vozes, 2007.

SOBRE O LIVRO

Formato: 14 x 21 cm
Mancha: 24,9 x 41,5 paicas
Tipologia: Minion Pro 10,5/13,5
Papel: Off-set 90 g/m² (miolo)
Cartão Supremo 250 g/m² (capa)
1ª edição Editora Unesp: 2023

EQUIPE DE REALIZAÇÃO

Coordenação editorial
Marcos Keith Takahashi (Quadratim)

Edição de texto
Cacilda Guerra (preparação)
Lucas Lopes (revisão)

Projeto gráfico
Quadratim

Capa
Augusto Lins Soares

Imagem de capa
Clarice Lispector, 1946. Foto de Bluma Wainer.
Instituto Moreira Salles (IMS) / Acervo Clarice Lispector

Editoração eletrônica
Arte Final

Rua Xavier Curado, 388 • Ipiranga - SP • 04210 100
Tel.: (11) 2063 7000 • Fax: (11) 2061 8709
rettec@rettec.com.br • www.rettec.com.br